Textes
en
français
facile

やさしいフランス語で読む
八十日間世界一周

JN174410

IBCパブリッシング

カバーデザイン・イラスト
アサイレイコ

●

編集協力
坂田雪子

はじめに

　ずいぶん昔のことです。ぼくは大学を休学して、フランスに語学留学をしていたのですが、日本での生活と比べて、ひとつだけ淋しい思いをしていました。それは夜、寝る前に読書ができないこと。もちろん本屋さんに行けば、フランス語の小説は簡単に手に入ります（マルセル・プルーストの『失われた時を求めて』の原書もすぐに購入しました）。でも、悲しいことに、当時のぼくの語学力では、ベッドに寝ころがりながらフランス語の原書を読み、「読書」を楽しむというわけにはいきません。辞書を引きひき、複雑な構文を解析しながら原文を解読していくと、「楽しみ」ではなく、「苦行」になってしまうのです。ところが、そんなある日、やさしいフランス語で書かれた本を見つけて、「オリジナルじゃないから」と最初は迷ったのですが、思い切って買ってみました。そうしたら、どうでしょう？　読みはじめたとたん、「ああ、これぞ読書の楽しみ！」と嬉しくなりました。この時の嬉しさは今でもはっきり覚えています。

　おそらく、この本を手にとった皆さんは、フランス語の学習意欲が高く、性格もきっと真面目で、「フランス語は多少辛くても、がんばって身につけるものだ」と考えていらっしゃると思います。でも、そんなことはあり

ません。勉強は楽しくするのが一番。語学の学習には時間がかかるので、むしろ楽しくないと長続きしないのです。少なくとも、楽しい勉強も合間にはさまないと……。

ということで、

「やさしいフランス語で読む」
メリット1

フランス語で「読書の楽しみ」を味わうことができる。「読書の楽しみ」とは小説なら、その世界にひきずりこまれて、お話に没頭すること。「やさしいフランス語」で書かれたものなら、途中であまり中断されることなく、お話を楽しむことができます。

「やさしいフランス語で読む」
メリット2

実は「やさしいフランス語」で読むことは、語学力のアップにもつながります。ほかの外国語と同様、フランス語は「フランス語特有の発想」で書かれています。学習者にはこの「発想」がわかりにくいのですが、どんなに「やさしいフランス語」で書かれていても、そこには

「フランス語の発想」があります。したがって、「わかる、わかる」と楽しく読んでいるうちに、自然に「フランス語の発想」が理解できるようになります。

　また、語学を習得するには、「内容のわかるものをたくさん読む」ことが大切なのですが、「やさしいフランス語で読む」ことは、その点でも最適です。このシリーズには語注もついていますので、そのうちに少しずつ語彙も増えてきます。

　要するに、小さい頃、やさしい日本語で書かれたお話を楽しく読んで、日本語を自然に身につけたように、楽しくお話を読みながら、フランス語を身につけることができるのです。語学の学習段階では、一度、そういった時期を通過することが大切だと思われます。

　このシリーズで読書を楽しみながら、フランス語の力をつけて、やがてはフランス語の原書を自在に読みこなす方が出てくることを願ってやみません。

フランス語翻訳家

高野　優

Contenu

Chapitre 1
Le grand départ

第 1 章　旅の始まり

I. Comment un jeune Français surnommé Passepartout entra au service du mystérieux Mr. Fogg

« Numéro 7... numéro 7... Ah ! Le voici ! »

Le 2 octobre 1872, un jeune Français d'une trentaine d'années se trouvait devant la maison portant le numéro 7 de Saville-row, Burlington Gardens. Cette maison était habitée par Phileas Fogg, **esquire**, l'un des membres les plus **singuliers** et les plus remarqués du Reform-Club de Londres.

Le jeune garçon tira de sa poche une énorme montre en argent, vérifia l'heure et se dit : « Ouf ! Je ne suis pas en retard. Il paraît que le nouveau maître est très exigeant pour l'heure... Je ne veux pas lui faire mauvaise impression dès le début ! ». Sur ce, il jeta un dernier regard à la somptueuse maison et alla sonner. La porte s'ouvrit aussitôt et il fut immédiatement introduit dans le salon.

*　*　*

Ce que le jeune garçon vit en y entrant, c'était un gentleman assis dans son fauteuil : il pouvait avoir quarante ans, bel homme blond, le type achevé de ces Anglais à **sang-froid** qui se rencontrent assez fréquemment dans le Royaume-Uni.

« Vous êtes Français et vous vous nommez John ? lui demanda Phileas Fogg.

— Jean, **n'en déplaise à** monsieur, répondit-il, Jean Passepartout, un surnom qui m'est resté, et que justifiait mon aptitude naturelle à **me tirer d'affaire**. Travailler ne me peine pas : j'ai fait plusieurs métiers, du chanteur ambulant au sergent de pompiers à Paris. J'ai même travaillé

❧ *mots-clés et expressions utiles* ────────

☐ esquire　紳士（英語）
☐ singulier　変わった
☐ sang-froid　冷静
☐ n'en déplaise à　〜の気にいらなくとも
☐ se tirer d'affaire　窮地を切り抜ける

dans un cirque comme écuyer. **Sans en avoir l'air**, je suis costaud, vous savez. Mais je peux vous jurer que j'ai toujours été loyal et honnête. J'ai appris que Monsieur Phileas Fogg qui est l'homme le plus exact et le plus **sédentaire** du Royaume-Uni cherchait un domestique alors je me suis présenté chez monsieur avec l'espérance de finir cette vie vagabonde et ...

— Vous m'êtes recommandé, coupa le gentleman. Vous connaissez mes conditions ?

— Oui, monsieur.

— Bien. Quelle heure avez-vous ?

— Onze heures vingt-cinq, répondit Passepartout, en regardant de nouveau son énorme montre. — Vous retardez de quatre minutes. N'importe. Il suffit de constater l'écart. Donc, à partir de ce moment, onze heures vingt-neuf du matin, ce mercredi 2 octobre 1872, vous **êtes à mon service**. »

* * *

Cela dit, Phileas Fogg se leva, prit son chapeau de la main gauche, le plaça sur sa tête avec un mouvement d'automate et disparut sans ajouter une parole, en laissant seul derrière lui Passepartout, ahuri.

II. *Le pari au Reform-Club*

Phileas Fogg avait quitté sa maison de Saville-row à onze heures et demie comme tous les jours pour se rendre au Reform-Club. Là, il passait la moitié de sa journée à lire **toutes sortes de** journaux et à jouer au whist.

À six heures dix du soir, ses partenaires habituels entrèrent dans le salon : l'ingénieur Andrew Stuart, les banquiers John Sullivan et

---

❧ *mots-clés et expressions utiles* ─────────

- [ ] sans en avoir l'air そう見えなくても
- [ ] sédentaire 出かけない
- [ ] être au service de qn. 〜に雇われる
- [ ] toutes sortes de あらゆる種類の

Samuel Fallentin, le brasseur Thomas Flanagan et Gauthier Ralph, **un des** administrateurs de la Banque d'Angleterre, tous des personnages riches et considérés.

Les six gentlemen se saluèrent et aussiôt **les parties** commencèrent.

* * *

Entre les jeux, il fut question du sensationnel « **vol** à la Banque d'Angleterre », effectué trois jours auparavant, le 29 septembre.

« Cher ami, vous avez du nouveau ? demanda Flanagan à l'administrateur de la banque.

— Eh bien pas encore, mais cela ne devrait pas tarder. La police anglaise est efficace, assura l'interrogé. Elle a envoyé ses **détectives** les plus habiles dans les principaux ports du monde. On leur a promis **une prime** de deux mille **livres** et cinq pour cent de la somme qui serait retrouvée. »

* * *

Voici le détail de ce vol : cinquante-cinq mille livres avaient été prises sur la tablette du caissier principal. Ce qui était sensationnel, c'était non seulement l'énormité de la somme dérobée, mais le récit des **témoins** : tous affirmaient que le voleur « était un gentleman comme il faut ».

* * *

« Je soutiens, dit Andrew Stuart, que les chances sont **en faveur de** ce gentleman-voleur. La terre est assez vaste.

— Elle l'était autrefois... » dit à mi-voix Phileas Fogg.

« Je suis de l'avis de Monsieur Fogg, dit Gauthier Ralph. La terre a diminué, puisqu'on la parcourt maintenant dix fois plus vite qu'il y a cent ans.

❧ mots-clés et expressions utiles ───────

- □ un(e) des　〜のうちのひとつ
- □ les parties　勝負
- □ vol　盗難
- □ détéctive　刑事
- □ prime　賞金
- □ une livre　ポンド
- □ témoin　目撃者
- □ en faveur de　〜に有利

—Il faut avouer, Monsieur Ralph, reprit Stuart, que vous avez trouvé là une manière plaisante de dire que la terre a diminué ! Ainsi parce qu'on en fait maintenant le tour en trois mois...

— En quatre-vingts jours seulement, précisa Phileas Fogg.

—En effet, messieurs, ajouta John Sullivan, quatre-vingts jours, depuis que la section entre Rothal et Allahabad a été ouverte sur le « Great-Indian peninsular railway ». Regardez le calcul fait par le *Morning-Chronicle* :

De Londres à Suez par le Mont-Cenis et Brindisi, **railways** et **paquebots**	7 jours.
De Suez à Bombay, paquebot	13 —
De Bombay à Calcutta, railway	3 —
De Calcutta à Hong-Kong (Chine), paquebot	13 —
De Hong-Kong à Yokohama (Japon), paquebot	6 —
De Yokohama à San-Francisco, paquebot	22 —
De San-Francisco à New-York, railroad	7 —
De New-York à Londres, paquebot et railway	9 —
Total	80 jours.

— Oui, quatre-vingts jours ! s'écria Andrew Stuart, mais non compris le mauvais temps, les vents contraires et les accidents…

— Tout compris, répondit Phileas Fogg.

« **Théoriquement**, vous avez raison, Monsieur Fogg, mais dans la **pratique**…

— Dans la pratique aussi, Monsieur Stuart.

— Je voudrais bien vous y voir. Je **parierais** bien quatre mille livres qu'un tel voyage est impossible ! s'écria Andrew Stuart, qui commençait à se vexer de l'insistance de son partenaire.

— Très possible, au contraire, répondit Mr. Fogg.

— Eh bien, faites-le donc !

— Le tour du monde en quatre-vingts jours ?

❧ *mots-clés et expressions utiles* ─────

☐ railways　鉄道（英語）
☐ paquebot　大型客船
☐ théoriquement　論理的に
☐ pratique　実践
☐ parier　賭ける　pari: 賭け

— Oui.

— Je le veux bien. J'ai vingt mille livres déposées chez Baring frères. Je les risquerai volontiers...

— Vingt mille livres ! s'écria John Sullivan. Vingt mille livres qu'un retard imprévu peut vous faire perdre ! C'est une plaisanterie !

— Un bon Anglais ne plaisante jamais, quand il s'agit d'une chose aussi sérieuse qu'un pari, répondit Phileas Fogg. Je parie vingt mille livres contre qui voudra que je ferai le tour de la terre en quatre-vingts jours ou moins, soit dix-neuf cent vingt heures ou cent quinze mille deux cents minutes. Acceptez-vous ?

— Nous acceptons, répondirent ses partenaires d'une seule voix.

— Bien, dit Mr. Fogg. Le train de Douvres part à huit heures quarante-cinq. Je le prendrai.

— Ce soir même ? demanda Stuart.

— Ce soir même, répondit Phileas Fogg. Donc, puisque c'est aujourd'hui mercredi 2 octobre, je devrai être de retour à Londres, dans ce salon même du Reform-Club, le samedi 21 décembre, à huit heures quarante-cinq du soir, faute de quoi les vingt mille livres déposées actuellement à mon crédit chez Baring frères vous appartiendront **de fait et de droit**, messieurs. — Voici un chèque de pareille somme. »

Phileas Fogg était demeuré froid. S'il avait engagé la moitié de sa fortune, c'était parce qu'il allait utiliser l'autre moitié pour le voyage. Ce n'était donc pas pour gagner l'argent : c'était pour lui un combat, une lutte contre une difficulté.

* * *

Sept heures sonnaient alors. On offrit à Mr. Fogg de suspendre le whist afin qu'il pût faire ses préparatifs de départ.

« Je suis toujours prêt ! » répondit cet impassible gentleman, et donnant les cartes :

« Je retourne carreau, dit-il. À vous de jouer, Monsieur Stuart. »

❧ *mots-clés et expressions utiles* ───────

☐ de fait et de droit　事実上も権利上も

III. *Le départ*

À sept heures vingt-cinq, Phileas Fogg quitta ses collègues, après avoir gagné une vingtaine de **guinées** au whist. Passepartout, qui avait consciencieusement étudié son programme, fut très surpris en voyant son maître rentrer à sept heures cinquante.

* * *

Mr. Fogg l'appela et lui annonça tout court.

« Nous partons. Nous allons faire le tour du monde, lança-t-il.

— Le tour du monde, Monsieur ? Le **pauvre** Passepartout, stupéfait, ne pouvait que répéter.

— Oui. En quatre-vingts jours, répondit Mr. Fogg. Ainsi, nous n'avons pas un instant à perdre. **Un sac de nuit** suffit. Nous achèterons en route. **Descendez** mon **mackintosh** et ma couverture de voyage. **Ayez** de bonnes chaussures. Allez. »

Passepartout aurait voulu répondre. Mais

il quitta Mr. Fogg et, machinalement, fit ses préparatifs. Le tour du monde en quatre-vingts jours ! Avait-il affaire à un fou ? Non…

À huit heures, Passepartout rejoignit son maître avec un modeste sac en main.

Mr. Fogg était prêt, muni seulement de *Bradshaw's continental railway steam transit and general guide*. Il **prit** le sac **des mains de** Passepartout, l'ouvrit et y glissa **une forte liasse** de bank-notes.

Il le lui remit en lui disant simplement :

« Prenez-en soin. Il y a vingt mille livres dedans. »

Passepartout, devenu vert, faillit le laisser tomber.

❧ mots-clés et expressions utiles ───────

- □ guinée ギニー
- □ pauvre あわれな
- □ un sac de nuit ボストンバッグ
- □ descendre qch 降ろす
- □ mackintosh 防水コート
- □ Ayez Avoirの命令法
- □ Bradshaw 時刻表・総合案内
- □ prendre qch des mains de 〜を…の手から取る
- □ une forte liasse 分厚い束

*   *   *

Le maître et le domestique quittèrent la maison et se dirigèrent en **cab** à la gare de Charing-Cross.

À huit heures vingt, le cab s'arrêta devant la grille de la gare.

Mr. Fogg allait se diriger vers le guichet quand il remarqua une pauvre mendiante, tenant un enfant à la main, pieds nus dans la boue.

Mr. Fogg tira de sa poche les vingt guinées qu'il venait de gagner au whist.

« Tenez, ma brave femme, dit-il, je suis content de vous avoir rencontrée ! » puis il passa. Passepartout fut très touché par ce geste.

« Sans en avoir l'air, mon maître est quelqu'un qui **a du cœur** ! ».

*   *   *

Dans la grande salle de la gare, Phileas Fogg aperçut ses cinq collègues du Reform-Club.

« Messieurs, je pars, dit-il, et les divers visas apposés sur le passeport vous permettront, au retour, de contrôler mon **itinéraire**. Je reviendrai dans quatre-vingts jours, le samedi 21 décembre

1872, à huit heures quarante-cinq minutes du soir. Au revoir, messieurs. »

Laissant ces paroles, Phileas Fogg et son **domestique** quittèrent Londres à huit heures quarante-cinq pour partir en voyage et faire le tour du monde.

❧ mots-clés et expressions utiles

☐ cab ｜頭立ての二輪馬車
☐ avoir du cœur 思いやりがある
☐ itinéraire 道のり・行程記録
☐ domestique 使用人

Chapitre 2
Les aventures en Inde

第2章　インドでの冒険

IV. Fix entre en scène

Parmi les agents de police anglais, envoyés dans les divers ports après le vol commis à la Banque d'Angleterre, c'était à l'**inspecteur** Fix qu'on confia la surveillance de la route de Suez. Il avait pour mission de trouver le **suspect**, et pour le cas où, il devait le « **filer** » en attendant **un mandat d'arrestation**.

Fix venait de recevoir deux jours auparavant le **signalement** du voleur, celui de ce personnage distingué et bien mis que l'on avait observé dans la salle des payements de la Banque. L'inspecteur, **orgueilleux** de **nature** et très **alléché** évidemment par la forte prime promise en cas de succès, se disait que si le voleur passait à Suez, jamais il n'échapperait à ses yeux experts.

Au matin du mercredi 9 octobre, Fix surveillait sur le quai les voyageurs débarquant du paquebot *Mongolia*. Tout d'un coup, il vit un gentleman, et à sa vue, son cœur bondit : son portrait correspondait au signalement du voleur ! Il n'hésita pas un seul instant à le suivre.

Le gentleman — qui était d'ailleurs suivi de son valet — se dirigea au **consulat** anglais et y entra. Fix ne les lâcha pas d'une semelle mais se demandait : « Un voleur qui vient au consulat ? Pour quoi faire ? »

Le gentleman et son domestique furent introduits au bureau du consul. Fix s'y glissa, et, au consul qui le reconnut, fit signe de ne rien dire.

Le gentleman présenta au consul son passeport en priant **laconiquement** de bien vouloir y apposer son visa. Celui-ci prit le passeport et le lut attentivement :

❧ mots-clés et expressions utiles ─────────

- □ inspecteur 刑事
- □ suspect 容疑者
- □ filer 尾行する
- □ un mandat d'arrestation 逮捕状
- □ signalement 人相書き・特徴
- □ orgueilleux 自惚れている
- □ nature 性格・品性
- □ alléché 強くひかれている
- □ le consulat 領事館 consul: 領事
- □ laconiquement 簡潔に

« Vous êtes Phileas Fogg, esquire ? demanda-t-il.

— Oui, monsieur, répondit le gentleman.

— Et cet homme est votre domestique ?

— Oui. Un Français nommé Passepartout.

— Vous venez de Londres ?

— Oui.

— Et vous allez ?

— À Bombay.

— Bien, monsieur. Vous savez que cette formalité du visa est inutile, et que nous n'exigeons plus la présentation du passeport ?

— Je le sais, monsieur, répondit Phileas Fogg, mais je désire **constater** par votre visa mon passage à Suez.

— Soit, monsieur. »

Et le consul, ayant signé et daté le passeport, y apposa son cachet. Mr. Fogg acquitta **les droits de visa**, et, après avoir froidement salué, il sortit, toujours suivi de son domestique.

* * *

Fix attendit. Une fois la porte fermée, il s'adressa au consul.

« Eh bien, ne trouvez-vous pas, monsieur le consul, que cet homme ressemble trait pour trait au voleur dont j'ai reçu le signalement ?

— Mais vous le savez, tous les signalements… il a l'air d'un parfait honnête homme !

— J'en **aurai le cœur net**, répondit Fix, en posant quelques questions au domestique. À bientôt, monsieur le consul. »

Cela dit, l'agent sortit et se mit à la recherche de Passepartout.

En peu d'instants, Fix avait rejoint sur le quai Passepartout. Le garçon paraissait un peu **ébloui** par le paysage.

❧ *mots-clés et expressions utiles* —————

☐ constater　認証する
☐ les droits de visa　査証の手数料
☐ avoir le cœur net　はっきりさせる
☐ ébloui　目を奪われた

« Vous cherchez quelque chose, mon ami ?

— Ah, vous tombez bien, monsieur, je **suis un peu perdu** ... il faut que j'achète des chaussettes et des chemises ! Nous sommes partis avec un sac de nuit seulement.

— Je vais vous conduire à un bazar où vous trouverez tout ce qu'il faut.

— Monsieur, répondit Passepartout, vous êtes vraiment aimable ! »

Et tous deux se mirent en route. Passepartout causait toujours.

« Surtout, dit-il, que je prenne bien garde de ne pas manquer le bateau !

— Vous avez le temps, répondit Fix, il n'est encore que midi ! »

Passepartout tira sa grosse montre.

« Midi, dit-il. **Allons donc** ! il est neuf heures cinquante-deux minutes !

— Votre montre retarde, répondit Fix.

— Ma montre ! Une montre de famille, qui vient de mon arrière-grand-père ! Elle ne varie pas de cinq minutes par an. C'est un vrai chronomètre !

— Je vois ce que c'est, répondit Fix. Vous avez

gardé l'heure de Londres, qui retarde de deux heures environ sur Suez. Il faut avoir soin de remettre votre montre au midi de chaque pays.

— Moi ! toucher à ma montre ! s'écria Passepartout, jamais !

— Eh bien, elle ne sera plus d'accord avec le soleil.

— **Tant pis** pour le soleil, monsieur ! C'est lui qui aura tort ! »

Et le brave garçon remit sa montre dans son **gousset** avec un geste superbe.

« Partir sans malle, vous avez donc quitté Londres précipitamment ?

— Je le crois bien ! Mon maître a parié qu'il ferait le tour du monde en quatre-vingts jours !

❧ mots-clés et expressions utiles ━━━━━━━

☐ être un peu perdu　途方にくれている
☐ Allons donc !　ご冗談でしょう！
☐ Tant pis !　仕方がない
☐ gousset　（チョッキなどの）小ポケット

— En quatre-vingts jours ? s'écria Fix. C'est donc **un original** votre maître, mais il faut être riche pour pouvoir faire de tels exploits.

— Évidemment, et il emporte **une jolie somme** avec lui, en bank-notes toutes neuves ! Et il n'épargne pas l'argent en route !

— Et vous le connaissez depuis longtemps, votre maître ?

— Moi ! répondit Passepartout, je suis entré à son service le jour même de notre départ. »

Ces réponses renforcèrent les doutes de Fix.

« Je n'ai plus aucun doute. Je tiens mon homme. Il se fait passer pour **un excentrique** qui veut faire le tour du monde en quatre-vingts jours ! Quel **malin** ! » se dit-il, et quitta Passepartout pour retourner au consulat.

En quelques mots, il rapporta au consul sa conversation avec le domestique dudit Fogg.

« En effet, dit le consul, toutes les **présomptions** sont contre cet homme. Et qu'allez-vous faire ?

— Je vais les suivre. Mais avant, je vais lancer une **dépêche** avec demande instante de m'adresser un mandat d'arrestation à Bombay. Et là, je l'**arrêterai**. » Fix salua le consul et sortit. Il envoya une dépêche à Londres, et s'embarqua dans le *Mongolia*, qui quitta Suez à l'heure.

*　*　*

Le *Mongolia* se dirigeait **sans incident** à son prochain port, Aden. Sur ce luxueux paquebot, Mr. Fogg passa son temps... à jouer au whist. Il jouait des heures avec des partenaires, aussi **enragés** que lui.

Quant à Passepartout, il s'ennuyait. Alors ce fut avec un certain plaisir qu'il rencontra sur le pont l'obligeant personnage qui l'avait aidé en Égypte.

✣ mots-clés et expressions utiles ————

□ un original 変わった人
□ une jolie somme かなりの金額
□ un excentrique 変人
□ malin 抜け目のない人
□ présomption 推定
□ dépêche 電報
□ arrêter qn. 〜を逮捕する
□ sans incident なにごともなしに
□ enragés マニア

« Je ne me trompe pas, dit-il en l'abordant, c'est bien vous, monsieur, qui m'avez si gentiment aidé à Suez ! Vous êtes monsieur … ?

— Fix.

— Monsieur Fix, répondit Passepartout. Enchanté de vous retrouver à bord. Et où allez-vous donc ?

— Mais, comme vous, à Bombay. »

Fix tenait à se lier avec le domestique pour avoir des **renseignements**. Durant la croisière, il lui offrait donc souvent, au bar-room du *Mongolia*, quelques verres de whisky ou de **pale-ale**, que le brave garçon acceptait et rendait même pour ne pas **être en reste**. Passepartout était enchanté de l'aimable compagnon que le hasard lui avait procuré.

* * *

Ainsi se déroulait le voyage quand le *Mongolia* arriva à Aden le 14 octobre au soir au lieu du 15 au matin. C'était un gain de quinze heures. Mr. Fogg et son domestique descendirent à terre pour faire viser son passeport. Fix le suivit sans être remarqué. La formalité du visa accomplie,

Phileas Fogg revint à bord reprendre sa partie de cartes interrompue.

*   *   *

Le voyage s'accomplit dans les meilleures conditions. Le *Mongolia* **accosta** à Bombay le 20 octobre avec deux jours d'avance. Depuis son départ de Londres, c'était un gain de deux jours.

❧ *mots-clés et expressions utiles* ────────

☐ renseignements 情報
☐ pale-ale エールビール（英語）
☐ être en reste 借りがある
☐ accoster 接岸する

V. Inde : Mésaventure de Passepartout qui perd ses chaussures

De Bombay à Calcutta, Phileas Fogg et Passepartout avaient à faire trois jours de train sur le « Great Indian peninsular railway ». En attendant ce train qui partait à vingt heures précises, Mr. Fogg donna à son domestique le détail de quelques **courses** à faire.

« Surtout, soyez avant huit heures à la gare » lui ordonna-t-il. Et il se dirigea vers le bureau des passeports, de son **pas** régulier qui battait la seconde comme le pendule d'une horloge astronomique.

* * *

Passepartout, s'empressa d'exécuter l'ordre de son maître. Après avoir fait acquisition de quelques chemises et chaussettes, il se dirigeait vers la gare, quand il passa devant l'admirable **pagode** de Malebar-Hill. Il eut la

malencontreuse idée d'en visiter l'intérieur.

Or, il ignorait deux choses : d'abord que l'entrée de certaines pagodes indoues est formellement interdite aux chrétiens, et ensuite que les **croyants** eux-mêmes ne peuvent y pénétrer sans avoir laissé leurs chaussures à la porte.

La suite, vous la devinez : Passepartout, **sans penser à mal**, entra et admirait l'intérieur de Malebar-Hill quand soudain il fut renversé par terre par trois prêtres furieux. Ils lui arrachèrent ses souliers et ses chaussettes. Le Français, vigoureux et agile, se releva à coups de poing et de pied, il renversa ses adversaires, se sauva hors de la pagode. Les prêtres **vociféraient** derrière lui.

✥ mots-clés et expressions utiles ───────

☐ mésaventure 災難
☐ les courses 買い物
☐ un pas 歩み
☐ pagode 寺院
☐ malencontreux 不運な、やっかいな
☐ croyants 信者
☐ sans penser à mal 悪気はなく
☐ vociférer 怒鳴る

* * *

Pendant ce temps, de son côté, Fix courut chez le directeur de la police de Bombay. Là, il apprit que le mandat d'arrêt contre Phileas Fogg n'était pas encore arrivé. Déçu, Fix alla à la gare. Il était décidé de le suivre jusqu'à Calcutta, quand il vit arriver Passepartout, pieds nus et tout **décoiffé**. Fix se cacha, mais il entendit le domestique faire le récit de sa mésaventure à son maître.

« J'espère que cela ne vous arrivera plus », répondit simplement Phileas Fogg, en prenant place dans un des wagons du train. **Tête basse**, Passepartout le suivit.

Aussitôt après, la locomotive lança un vigoureux coup de sifflet, et le train disparut dans la nuit.

Resté seul sur le quai, l'inspecteur Fix murmura : « Plus besoin de le suivre ... Un **délit** commis sur le territoire indien ... Je tiens mon homme ! ».

VI. Le « *Great Indian peninsular railway* » et la monture au prix fabuleux

Le train était parti à l'heure réglementaire. Passepartout occupait le même compartiment que son maître. Fatigué par son aventure, il s'endormit rapidement.

Un troisième voyageur les accompagnait. C'était le brigadier général Sir Francis Cromarty, l'un des partenaires de Mr. Fogg pendant la traversée de Suez à Bombay. Il allait rejoindre ses **troupes cantonnées** auprès de Bénarès.

❧ *mots-clés et expressions utiles* ────────

☐ décoiffé　髪が乱れて
☐ tête basse　頭を垂れて
☐ délit　犯罪
☐ troupes　部隊
☐ cantonnées　宿営している

Sir Francis Cromarty était un homme instruit, et il s'y connaissait bien sur les **coutumes**, l'histoire et l'organisation du pays indou. Lorsque Mr. Fogg lui raconta brièvement la mésaventure de Passepartout dans la pagode, Sir Francis s'inquiéta.

« Monsieur Fogg, dit-il, le gouvernement anglais est extrêmement sévère et avec raison pour ce genre de délit. Il tient à ce que l'on respecte les coutumes religieuses des Indous, et si votre domestique eût été pris...

— Eh bien, s'il eût été pris, Sir Francis, il aurait été **condamné**, il aurait subi sa peine, et puis il serait revenu tranquillement en Europe. Mon voyage ne saurait tarder pour cela ! » répondit Mr. Fogg. Et, là-dessus, la conversation retomba.

* * *

Le train allait sans problème à travers la **péninsule** indienne, jusqu'au matin du 22 octobre. À quinze milles en avant de la station de Rothal, le train s'arrêta au milieu d'une vaste clairière. Le conducteur du train passa devant la ligne des wagons en disant :

« Les voyageurs descendent ici. »

Phileas Fogg regarda Sir Francis Cromarty, qui parut ne rien comprendre à cette **halte**.

Passepartout, non moins surpris, s'élança sur la voie et revint presque aussitôt, s'écriant :

« Monsieur, plus de **chemin de fer** ! »

Le brigadier général descendit aussitôt de wagon. Phileas Fogg le suivit, sans se presser. Tous deux s'adressèrent au conducteur.

« Où sommes-nous ? demanda Sir Francis Cromarty.

— Au **hameau** de Kholby, répondit le conducteur.

— Nous nous arrêtons ici ?

❧ mots-clés et expressions utiles ———————

☐ coutumes 慣習
☐ condamné 刑を宣告される
☐ péninsule 半島
☐ halte 停止
☐ chemin de fer 鉄道
☐ hameau 小集落

— Sans doute. Le chemin de fer n'est point **achevé** ... il y a encore une cinquantaine de **milles** à établir entre ce point et Allahabad, où la voie reprend.

— Les journaux ont pourtant annoncé l'ouverture complète du railway ! se fâcha Sir Francis.

— Que voulez-vous, mon officier, les journaux se sont trompés. Mais les voyageurs savent bien qu'ils doivent se faire transporter de Kholby jusqu'à Allahabad » répondit le conducteur.

« Sir Francis, dit simplement Mr. Fogg, si vous le voulez bien, avisons du moyen de gagner Allahabad.

— Monsieur Fogg, il s'agit ici d'un retard absolument préjudiciable à vos intérêts ?

— Non, Sir Francis, cela était prévu.

— Quoi ! vous saviez que la voie ...

— En aucune façon, mais je savais qu'un obstacle **quelconque** surgirait tôt ou tard sur ma route. Or, rien n'est compromis. J'ai deux jours d'avance à sacrifier. Il y a un **steamer** qui part de Calcutta pour Hong-Kong le 25 à midi. Nous ne sommes qu'au 22, et nous arriverons à temps à Calcutta. »

* * *

La plupart des voyageurs, connaissant cette **interruption** de la voie, **s**'étaient déjà **emparés** de toutes sortes de **véhicules** que possédait la **bourgade**. Mais Passepartout vint retrouver son maître et dit :

« Monsieur, je crois que j'ai trouvé un moyen de transport : un éléphant !

— Allons-y », répondit Mr. Fogg.

⚡ mots-clés et expressions utiles ─────────

☐ achevé 完成した
☐ milles マイル
☐ quelconque ありふれた
☐ steamer 汽船
☐ interruption 中断
☐ s'emparer 独占する
☐ véhicule 乗り物
☐ bourgade 小さな村

Kiouni — c'était le nom de l'éléphant — pouvait fournir pendant longtemps une marche rapide. Phileas Fogg résolut immédiatement de l'employer. Mais les éléphants sont chers en Inde, où ils commencent à devenir rares. Alors lorsque Mr. Fogg demanda à l'Indien, son propriétaire, s'il voulait lui louer son éléphant, l'Indien **refusa net.** Phileas Fogg, sans s'animer en aucune façon, proposa alors de le lui acheter. Il lui en offrit tout d'abord mille livres, puis douze cents livres, puis quinze cents, puis dix-huit cents, enfin deux mille. À deux mille livres, l'Indien se rendit.

L'affaire conclue, il fallait maintenant trouver un guide. Ce fut plus facile. Un jeune Parsi sympathique offrit ses services. Mr. Fogg accepta et lui promit une forte **rémunération**.

* * *

L'éléphant fut amené et équipé sans retard. Le Parsi connaissait parfaitement le métier de « **mahout** ». Il couvrit d'une sorte de **housse** le dos de l'éléphant et disposa, de chaque côté sur ses flancs, deux espèces de **cacolets** assez peu confortables. Des vivres furent achetées et chargées.

Sir Francis Cromarty prit place dans l'un des cacolets, Phileas Fogg dans l'autre. Passepartout se mit **à califourchon** sur la housse.

Par bonheur pour Mr. Fogg et sa compagnie, le guide était très familiarisé avec la géographie du pays. Grâce à lui, à la fin de la journée, il ne restait aux voyageurs que la moitié du chemin à faire pour atteindre la station d'Allahabad. Leur guide pensait arriver à Allahabad le lendemain soir. De cette façon, Mr. Fogg ne perdrait qu'une partie des quarante-huit heures économisées depuis le commencement du voyage. Ils passèrent la nuit dans une cabane **abandonnée,** et, le lendemain matin, ils partirent tôt.

❧ *mots-clés et expressions utiles* ━━━━━━

- □ refuser net きっぱりと断る
- □ rénumération 報酬
- □ mahout 象使い
- □ housse 布のカバー
- □ cacolet 座椅子つきの鞍
- □ à califourchon またがって
- □ abandonné(e) 放置された

Il était quatre heures du soir alors, quand l'éléphant, donnant quelques signes d'inquiétude, s'arrêta soudain.

« Qu'y a-t-il ? demanda Sir Francis Cromarty, qui releva la tête au-dessus de son cacolet.

—Je ne sais, mon officier », répondit le Parsi, en prêtant l'oreille à un murmure confus qui passait sous l'épaisse ramure. Le guide conduisit l'éléphant dans un fourré, en recommandant aux voyageurs de ne point **mettre pied à terre**. Lui-même se tint prêt à enfourcher rapidement sa monture, si la fuite devenait nécessaire.

On entendit d'abord le bruit discordant des voix et des instruments qui se rapprochait. Puis, on vit un **cortège** : des prêtres coiffés de **mitres** et vêtus de longues robes **chamarrées**, entourés d'hommes, de femmes, d'enfants qui faisaient entendre une sorte de psalmodie funèbre. Derrière eux, quelques **brahmanes** traînaient une femme qui se soutenait à peine. Cette femme était jeune et ravissante, blanche comme une Européenne. Elle était richement ornée de bijoux. Derrière cette jeune femme, des gardes, armés de sabres nus passés à leur ceinture et de longs **pistolets damasquinés**, portaient le cadavre d'un vieillard, revêtu de ses opulents habits de rajah, sur un **palanquin**.

Aussitôt que la procession eut disparu, Phileas Fogg demanda à Sir Francis Cromarty:

« Qu'est-ce que c'était ?

— Un sutty, monsieur Fogg, répondit amèrement le brigadier général, c'est un **sacrifice humain**. Cette femme que vous venez de voir sera brûlée demain aux premières heures du jour avec le corps de son mari.

— Ah ! les **gueux** ! s'écria Passepartout, qui ne put retenir ce cri d'indignation.

❖ mots-clés et expressions utiles ─────────

- ☐ mettre pied à terre （乗り物から）降りる
- ☐ cortège 行列
- ☐ mitre （僧のかぶる）ターバン
- ☐ chamarré 飾りのついた
- ☐ brahmane バラモン
- ☐ pistolets damasquinés 金銀の象嵌をされた銃
- ☐ palanquin 輿
- ☐ sacrifice humain 人身御供
- ☐ gueux 卑劣漢・ひとでなし

— Comment, reprit Phileas Fogg, sans que sa voix trahît la moindre émotion, ces barbares coutumes subsistent encore dans l'Inde, et les Anglais n'ont pu les détruire ?

— Dans la plus grande partie de l'Inde, oui, répondit Sir Francis Cromarty, mais nous n'avons aucune influence à Bundelkund.

— La malheureuse ! murmurait Passepartout, brûlée vive ! Mais où la conduit-on ?

— À la pagode de Pillaji, répondit le guide, à deux milles d'ici. Là, elle passera la nuit **enivrée** de la fumée du **chanvre et de l'opium** en attendant l'heure du sacrifice.

— Et ce sacrifice aura lieu ?...

— Demain, dès la première apparition du jour. »

Après cette réponse, le guide fit sortir l'éléphant de l'épais fourré et **se hissa** sur le cou de l'animal. On allait reprendre le voyage quand Mr. Fogg l'arrêta, et, s'adressant à Sir Francis Cromarty :

« Si nous sauvions cette femme ? dit-il.

— **Sauver** cette femme, monsieur Fogg !... s'écria le brigadier général.

— J'ai encore douze heures d'avance. Je puis les consacrer à cela.

— Mais vous êtes un homme de cœur ! dit Sir Francis Cromarty.

— Quelquefois, répondit simplement Phileas Fogg. Quand j'ai le temps. »

❧ *mots-clés et expressions utiles* ————————

☐ enivré(e)　酔わされた
☐ chanvre et opium　大麻とアヘン
☐ se hisser　よじ登る
☐ sauver　助ける

VII. *La fortune sourit aux audacieux*

Mr. Fogg et Sir Francis Cromarty se retournèrent vers Passepartout et le guide. Ils allaient risquer leur vie, tout **désistement** n'était point lâche.

Pour Passepartout, l'idée de son maître l'exaltait. Il sentait un cœur, une âme sous cette enveloppe de glace. Il se prenait à aimer Phileas Fogg. Quant au guide, à la question du Sir Francis Cromarty, il répondit :

« Mon officier, je connais cette belle dame. Elle s'appelle Aouda. Elle est Parsie comme moi. Disposez de moi.

— Bien, guide, répondit Mr. Fogg. Je pense que nous devrons attendre la nuit pour agir ?

— Je le pense aussi. Suivant leur habitude, ils seront plongés dans l'épaisse ivresse du « **hang** », et nous pourrions peut-être nous glisser entre eux jusqu'au temple », répondit le guide.

* * *

La nuit tombée, le Parsi, guidant Mr. Fogg, Sir Francis Cromarty et Passepartout, s'avança sans bruit à travers la forêt. Aussitôt ils arrivèrent au bord d'une petite rivière, et là, à la lueur de la lune, ils aperçurent le bûcher où reposait le **corps embaumé** du rajah, qui devait être brûlé en même temps que sa veuve. À cent pas de ce **bûcher** s'élevait la pagode.

« Venez ! » dit le guide à voix basse. Tous approchèrent du temple.

❧ *mots-clés et expressions utiles* ────────

☐ fortune 幸運
☐ désistement 断念
☐ hang 大麻とアヘンで作った飲み物
☐ corps 遺体
☐ embaumé 防腐処置をされた
☐ bûcher 火葬台

Mais au grand **désappointement** de tous, des gardes étaient là, de manière à empêcher toute approche.

« Qu'allons — nous faire ? demanda le brigadier général à voix basse.

— Attendons. La chance qui nous échappe peut se représenter au moment suprême ». L'impassible Fogg répondit sans manifester ses sentiments. Ils revinrent jusqu'à la clairière et attendirent. Passepartout était curieusement songeur…

* * *

À l'aurore, des coups de tam-tams, chants et cris éclatèrent de nouveau. L'heure était venue. Les portes de la pagode s'ouvrirent. Mr. Fogg et Sir Francis purent apercevoir la victime que deux prêtres traînaient au dehors. Phileas Fogg et ses compagnons les suivirent. Ils s'arrêtèrent à moins de cinquante pas du bûcher. Ils pouvaient voir, dans la demi-obscurité, la victime absolument **inerte**, étendue auprès du cadavre de son époux. Sous leurs yeux horrifiés, une torche fut approchée et le bois, **imprégné** d'huile, s'enflamma aussitôt.

Phileas Fogg s'élançait vers le bûcher quand un cri de terreur s'éleva. Toute cette foule se précipita à terre, **épouvantée** : on voyait le vieux rajah se redresser tout à coup, comme un fantôme, **soulever** la jeune femme inanimée dans ses bras et descendre du bûcher au milieu des tourbillons de fumée !

 *mots-clés et expressions utiles* ————————

☐ désappointement　失望
☐ inerte　ぐったりとした・無反応な
☐ imprégné　浸された
☐ épouvanté(e)　おびえた
☐ soulever　持ち上げる

Tous furent pris de terreur et étaient là, face à terre, n'osant lever les yeux. Mr. Fogg et Sir Francis Cromarty étaient demeurés debout. Le Parsi avait courbé la tête.

Le **ressuscité** arriva ainsi près d'eux et là, d'une voix brève :

« Filons ! . . . » dit-il.

C'était Passepartout : il s'était glissé vers le bûcher au milieu de la fumée épaisse et, en **se faisant passer pour** le rajah ressuscité, avait arraché la jeune femme à la mort !

Un instant après, tous les cinq disparaissaient dans le bois, et l'éléphant les emportait d'un trot rapide. Une **décharge** avait eu lieu, mais Kiouni s'éloignait rapidement, et, en quelques instants, ils se trouvaient hors de la portée des balles et des flèches.

VIII. Calcutta

Le hardi enlèvement avait réussi. Une heure après, Passepartout riait encore de son succès. Sir Francis Cromarty avait serré la main de l'**intrépide** garçon. Son maître lui avait dit : « Bien » ce qui, dans la bouche de ce gentleman, équivalait à une haute approbation.

Quant à la jeune Indienne, elle n'avait pas eu conscience de ce qui s'était passé. Enveloppée dans les couvertures de voyage, elle reposait sur l'un des cacolets.

❧ *mots-clés et expressions utiles* ─────────

☐ ressuscité　生き返った人
☐ se faire passer pour　〜になりすました
☐ décharge　一斉射撃
☐ intrépide　勇敢な

Cependant, Sir Francis Cromarty n'hésita pas à dire à Phileas Fogg que la jeune femme ne serait véritablement en sûreté qu'après avoir quitté l'Inde. Phileas Fogg répondit qu'il **tiendrait compte de** ces observations et qu'il **aviserait**.

*   *   *

Vers dix heures, le guide annonçait la station d'Allahabad. Là reprenait la voie interrompue du chemin de fer. Il fallait moins d'un jour et d'une nuit pour atteindre Calcutta. Phileas Fogg devait donc arriver à temps pour prendre un paquebot qui ne partait que le lendemain seulement, 25 octobre, à midi, pour Hong-Kong.

Avant de prendre le train, Mr. Fogg régla le salaire du guide au prix convenu. Mais il continua :

« Parsi, tu as été serviable et **dévoué**. J'ai payé ton service, mais non ton dévouement. Veux-tu cet éléphant ? Il est à toi. »

Les yeux du guide brillèrent.

« C'est une fortune que **Votre Honneur** me donne ! s'écria-t-il.

—Accepte, guide, répondit Mr. Fogg, et c'est moi qui serai encore ton **débiteur**. »

*　*　*

Quelques instants après, le train filait **à toute vapeur** vers Bénarès. Quatre-vingts milles au plus séparent cette ville d'Allahabad.

Pendant ce trajet, la jeune femme revint complètement à elle. Quel fut son étonnement de se trouver sur le railway, dans ce compartiment, au milieu de voyageurs qui lui étaient absolument inconnus ! Le brigadier général lui raconta son histoire. Il insista sur le dévouement de Phileas Fogg, qui n'avait pas hésité à jouer sa vie pour la sauver, et sur le dénouement de l'aventure, dû à l'audacieuse imagination de Passepartout.

❧ mots-clés et expressions utiles ───────

☐ tenir compte de　〜を念頭におく
☐ aviser　熟考する
☐ dévoué　献身的な　dévouement　献身
☐ Votre Honneur　（敬称）閣下《英語から》
☐ débiteur　債務者・恩に着ている人
☐ à toute vapeur　全速力で

La jeune femme remercia ses **sauveurs** par ses larmes plus que par ses paroles. Ses beaux yeux, mieux que ses lèvres, exprimèrent sa **reconnaissance**. Phileas Fogg lui offrit, très froidement d'ailleurs, de la conduire à Hong-Kong, où elle demeurerait jusqu'à ce que cette affaire fût assoupie.

« Je suis **orpheline** mais j'ai un parent qui réside à Hong-Kong. Je serai heureuse de me rendre là. » Mrs. Aouda accepta l'offre avec reconnaissance.

À midi et demie, le train s'arrêtait à la station de Bénarès. C'était là que devait s'arrêter Sir Francis Cromarty. Le brigadier général fit donc ses adieux à Phileas Fogg, lui souhaitant tout le succès possible. Mr. Fogg pressa légèrement les doigts de son compagnon. Les **compliments** de Mrs. Aouda furent plus affectueux. Jamais elle n'oublierait ce qu'elle devait à Sir Francis Cromarty. Quant à Passepartout, il fut honoré d'une vraie poignée de main de la part du brigadier général. Puis on se sépara.

*   *   *

Enfin, le lendemain matin à sept heures, on arriva à Calcutta. Le paquebot pour Hong-Kong ne **levait l'ancre** qu'à midi. Phileas Fogg avait donc cinq heures devant lui mais d'après son itinéraire, il n'avait ni retard ni avance. Malheureusement, les deux jours gagnés par lui entre Londres et Bombay avaient été perdus, on sait comment, dans cette traversée de la péninsule indienne, — mais il est à supposer que Phileas Fogg ne les regrettait pas.

ᚌᛒ mots-clés et expressions utiles ─────────

☐ sauveurs 命の恩人たち
☐ reconnaissances 感謝の念
☐ orpheline 孤児
☐ compliments スピーチ
☐ lever l'ancre 錨をあげる

IX. Conséquence de la mésaventure de Passepartout et départ pour Hong-Kong

Le train s'était arrêté en gare. Passepartout descendit le premier du wagon, suivi de Mr. Fogg, qui aida sa jeune compagne à mettre pied sur le quai.

Au moment où Mr. Fogg allait sortir de la gare, un policeman s'approcha de lui et dit :

« Monsieur Phileas Fogg ?

— C'est moi.

— Cet homme est votre domestique ? ajouta le policeman en désignant Passepartout.

— Oui.

— Veuillez me suivre tous les deux.

— Cette jeune dame peut nous accompagner ? demanda simplement Mr. Fogg.

— Elle le peut » répondit le policeman.

Ils furent conduits au **tribunal**. Le policeman les conduisit dans une pièce aux fenêtres grillagées, en leur disant :

« C'est à huit heures et demie que vous **comparaîtrez** devant le **juge** Obadiah. » Puis il ferma la porte.

« Allons ! nous sommes pris ! » s'écria Passepartout.

Mrs. Aouda, s'adressant aussitôt à Mr. Fogg, lui dit :

« Monsieur, il faut m'abandonner ! C'est pour moi que vous êtes poursuivi ! C'est pour m'avoir sauvée ! »

Phileas Fogg se contenta de répondre que cela n'était pas possible. Il ajouta que, dans tous les cas, il n'abandonnerait pas la jeune femme, et qu'il la conduirait à Hong-Kong.

❧ *mots-clés et expressions utiles* ────────

☐ tribunal 裁判所
☐ juge 判事
☐ comparaître 出頭する

« Mais le bateau part à midi ! fit observer Passepartout.

— Avant midi nous serons à bord » répondit l'impassible gentleman.

*   *   *

À huit heures et demie, la porte s'ouvrit et on conduisit dans la salle d'audience. Un public assez nombreux en occupait déjà le **prétoire**.

Mr. Fogg, Mrs. Aouda et Passepartout s'assirent sur un banc. Le juge Obadiah et son **greffier** entrèrent.

« La première cause ! » tonna le juge.

— Phileas Fogg ? dit le greffier.

— Me voici, répondit Mr. Fogg.

— Passepartout ?

— Présent ! Mais de quoi nous accuse-t-on ? s'écria Passepartout, impatienté.

— Vous allez le savoir, répondit le juge. Bien ! Faites entrer les **plaignants**. »

Sur l'ordre du juge, une porte s'ouvrit, et trois prêtres indous furent introduits par un huissier. Le greffier lut leur plainte et ajouta:

« Et voici la **pièce à conviction**, et posa une

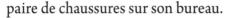

paire de chaussures sur son bureau.

— Mes souliers ! » s'écria Passepartout, qui, trop surpris, ne put retenir cette involontaire exclamation.

Cet incident de la pagode de Bombay, ils l'avaient oublié... mais c'était cela, la ruse de l'agent Fix : il savait bien que le gouvernement anglais se montrait très sévère pour ce genre de délit. Fix pensait ainsi retarder Mr. Fogg.

« Les faits sont **avoués** ? dit le juge.

— Avoués, répondit froidement Mr. Fogg. »

On condamna Passepartout à quinze jours de prison et à une **amende** de trois cents livres. Et son maître qui est tenu responsable de son serviteur, à huit jours de prison et cent cinquante livres d'amende !

❧ *mots-clés et expressions utiles* —————————

- □ prétoire　法廷
- □ greffier　書記官
- □ plaignants　告訴人
- □ pièce à conviction　証拠品
- □ avoué　自白した
- □ amende　罰金

Fix, dissimulé dans l'auditoire, ne pouvait retenir son cri de joie. C'était plus qu'il n'en fallait pour donner au mandat le temps de lui arriver.

Passepartout était **abasourdi**. À cause de lui …

Phileas Fogg n'avait pas même froncé le sourcil. Il dit tout simplement :

« J'offre **caution**.

— C'est votre droit » répondit le juge. La caution pour chacun d'eux fut fixée à mille livres.

« Je paie » dit ce gentleman.

Et du sac que portait Passepartout, il retira un paquet de bank-notes qu'il déposa sur le bureau du greffier.

« Cette somme vous sera restituée à votre sortie de prison, dit le juge. En attendant, vous êtes libres sous caution.

— Venez, dit Phileas Fogg à son domestique.

— Mais, au moins, qu'ils rendent les souliers ! » s'écria Passepartout avec un mouvement de rage.

On les lui rendit.

« En voilà qui coûtent cher ! murmura-t-il. Plus de mille livres chacun ! » Passepartout, absolument **piteux**, suivit son maître et la jeune femme.

Ils prirent une **voiture**. Fix les suivit. Onze heures sonnaient.

La voiture s'arrêta sur le quai. Fix vit s'embarquer tous les trois dans le *Rangoon*. Le détective jura.

« NON ! Il part ! Deux mille livres sacrifiées ! Ah ! je le filerai jusqu'au bout du monde s'il le faut ! » Et **s'embarqua** à son tour.

❦ *mots-clés et expressions utiles* ────────

☐ abasourdi　唖然とした
☐ caution　保釈金
☐ piteux　惨めな
☐ voiture　馬車
☐ s'embarquer　乗船する

Chapitre 3
De Hong-Kong aux Etats-Unis

第3章　香港からアメリカまで

X. Départ pour Hong-Kong

Entre Calcutta et Hong-Kong, la traversée durait onze à douze jours. Pendant les premiers jours, Mrs. Aouda fit plus ample connaissance avec Phileas Fogg. En toute occasion, elle lui témoignait la plus vive reconnaissance. Et de son côté, Mr. Fogg apprit que, fille de riches négociants de Bombay, Aouda avait reçu une éducation absolument anglaise. À ses manières et à son instruction, on l'eût crue Européenne.

*   *   *

Le voyage se déroulait paisiblement. L'inspecteur Fix **eut l'audace d'**aller à l'encontre de Passepartout, jouant l'étonné. Mais c'était un hasard de trop qui **mit la puce à l'oreille** à Passepartout. Ce Monsieur Fix qui paraissait comme il faut n'était-il pas un **espion** envoyé par les gentlemen du Reform-Club, pour surveiller son maître ?

*　*　*

On allait bientôt atteindre Hong-Kong quand une terrible tempête se déchaîna et empêcha le *Rangoon* d'arriver à l'heure prévue. Le bateau accosta finalement le 6 novembre vers midi, avec vingt-quatre heures de retard. Or, le *Carnatic*, pour Yokohama, partait dans la nuit du 5 novembre...

Mais on sut tout de suite que le *Carnatic* avait dû subir une réparation qui prenait deux jours et son départ avait été remis au 7 novembre au petit matin. En apprenant cette nouvelle, Passepartout ne put contenir sa joie. Car il savait que le steamer qui faisait Yokohama—San-Francisco était en correspondance directe avec le *Carnatic* et qu'il ne pouvait partir avant que celui-ci fût arrivé. Son maître ne se trouvait donc qu'à vingt-quatre heures de retard à son programme.

❧ *mots-clés et expressions utiles* ————

☐ avoir l'audace de　厚かましくも
☐ mettre la puce à l'oreille　警戒する・疑う
☐ espion　スパイ

Le *Carnatic* partait le lendemain matin à cinq heures. Mr. Fogg avait devant lui seize heures et il voulut les utiliser pour Mrs. Aouda. Il installa la jeune femme à l'*Hôtel du Club*, le meilleur de Hong-Kong, ordonna à Passepartout de **veiller** sur elle, et sortit.

À son retour à l'hôtel, Mr. Fogg apprit à Mrs. Aouda que son parent avait quitté le pays il y a deux ans et qu'il habitait **vraisemblablement** la Hollande.

« Que dois-je faire, Monsieur Fogg ? Confuse, Aouda lui demanda conseil.

— C'est très simple, répondit le gentleman. Venir en Europe. Passepartout, allez au *Carnatic*, et retenez trois cabines. »

XI. *Révélation de Fix à Passepartout et son sabotage à Hong-Kong*

Que faisait Fix pendant ce temps ? Pour lui, Hong-Kong, dernier territoire britannique, était sa dernière chance. Au-delà, le mandat tant attendu ne serait plus **valable**. Il était évident que le mandat courait après lui, et ne pourrait l'atteindre que s'il séjournait quelques jours en cette ville. Fogg allait lui **échapper** définitivement, s'il ne parvenait pas à l'y retenir. Il tenta donc le tout pour le tout.

❧ mots-clés et expressions utiles ──────

☐ veiller　気をくばる
☐ vraisemblablement　おそらく
☐ valable　有効である
☐ échapper　逃れる

Il guetta Passepartout à la sortie du bureau des transports maritimes et lui proposa un verre. Passepartout, ayant appris que les réparations du *Carnatic* étant terminées et que le départ était avancé au soir même à huit heures, se sentait de **l'humeur** à fêter. Il accepta donc **de bon cœur**.

Ils entrèrent dans ce que Passepartout croyait être une taverne. Or, c'était en réalité une de ces nombreuses **tabagies d'opium**. Fix, lui, le remarqua tout de suite.

Quand deux bouteilles furent vides, Passepartout se leva, afin d'aller prévenir son maître.

Fix le retint.

« Un instant, dit-il. J'ai à vous parler de choses sérieuses.

— Que voulez-vous, monsieur Fix ?

— Il s'agit de votre maître ! »

Passepartout, à ce mot, se rassit.

Et Fix lui **révéla** son **identité**, sa mission et sa conviction vis-à-vis de Phileas Fogg. Passepartout ne savait plus que croire.

« Que voulez-vous de moi ?

— Il faut donc que vous m'aidiez à le retenir à

Hong-Kong...

— Jamais ! répondit Passepartout.

— Vous refusez ?

— Je refuse.

— Alors, mettons que je n'ai rien dit, répondit Fix, et buvons.

— Oui, buvons ! »

Maintenant que Passepartout connaissait son identité, Fix devait à tout prix le séparer de son maître. Il le fit boire et lui proposa une **pipe**, chargée d'opium. Sans savoir ce qu'il prit, Passepartout la porta à ses lèvres, l'alluma, respira quelques **bouffées**, et retomba, la tête alourdie sous l'influence du **narcotique**.

☙ mots-clés et expressions utiles ─────────

- ☐ humeur　気分
- ☐ de bon cœur　よろこんで
- ☐ tabagie d'opium　アヘン窟
- ☐ révéler　明かす
- ☐ identité　身分
- ☐ pipe　パイプ
- ☐ bouffées　（たばこの）吸い込み
- ☐ narcotique　麻酔薬

« Voilà qui est fait ! Le sieur Fogg ne sera pas prévenu à temps du départ du *Carnatic*. » Puis Fix sortit.

XII. *La Tankadère*

Ce n'est qu'au matin du 7 novembre que Phileas Fogg **se rendit compte** que son fidèle domestique n'était pas rentré de la nuit. Ce que pensa l'honorable gentleman, nul n'aurait pu dire. Impassible comme d'habitude, il fit **prévenir** Mrs. Aouda par la bonne de l'hôtel et envoya le portier chercher un palanquin. Lorsque nos voyageurs descendaient sur le quai d'embarquement, le *Carnatic* n'y était pas. Mr. Fogg apprenait qu'il était parti depuis **la veille**.

Mais aucune marque de désappointement ne parut sur son visage, et comme Mrs. Aouda le regardait avec inquiétude, il se contenta de répondre :

« C'est un incident, madame, rien de plus. »

En ce moment, un personnage qui l'observait avec attention s'approcha de lui. C'était l'inspecteur Fix, qui le salua et lui dit :

« N'êtes-vous pas comme moi, monsieur, un des passagers du Rangoon, arrivé hier ?

— Oui, monsieur, répondit froidement Mr. Fogg.

— Pardonnez-moi, mais vous comptiez donc partir sur ce paquebot ?

— Oui, monsieur.

— Moi aussi, et vous me voyez très désappointé. Maintenant il faudra attendre huit jours le prochain départ ! leur apprit-il, en dissimulant sa satisfaction.

❧ *mots-clés et expressions utiles* ─────────

☐ se rendre compte　～を理解する
☐ prévenir　知らせる
☐ la veille　前日・前夜

— Mais il y a d'autres navires que le *Carnatic*, il me semble, dans le port de Hong-Kong. » À ses mots, Mr. Fogg **offrit son bras** à Mrs. Aouda et se dirigea vers les docks à la recherche d'un navire en partance. Fix, pâle d'inquiétude, les suivit.

Toutefois, la chance sembla véritablement abandonner Phileas Fogg : pendant trois heures, il parcourut le port en tous sens, mais ne trouva point de bateau prêt à **appareiller**.

Fix se reprit à espérer quand un marin s'approcha d'eux et s'adressa à Mr. Fogg :

« Votre Honneur cherche un bateau ? dit le marin en **se découvrant**.

— Vous avez un bateau prêt à partir ?

— Oui, Votre Honneur, un **bateau-pilote**, n° 43, le meilleur de la flottille.

— Il marche bien ?

— Entre huit et neuf milles, au plus près. Voulez-vous le voir ?

— Oui.

— Votre Honneur sera satisfait. »

Le bateau-pilote n° 43, la *Tankadère*, était une charmante petite **goélette** de vingt tonneaux bien pincée de l'avant, très dégagée dans ses façons, très allongée dans ses lignes d'eau. On eût dit un yacht de course.

« Il s'agit d'une promenade en mer ? continua le marin.

— Non. D'un voyage.

— Un voyage ?

— Vous chargez-vous de me conduire à Yokohama ?

— Votre Honneur veut rire ? dit-il.

— Non ! j'ai manqué le départ du *Carnatic*, et il faut que je sois le 14, au plus tard, à Yokohama, pour prendre le paquebot de San-Francisco.

— Je le regrette, répondit le pilote, mais c'est impossible.

— Je vous offre cent livres par jour, et une prime de deux cents livres si j'arrive à temps.

— C'est sérieux ? demanda le pilote.

— Très sérieux, » répondit Mr. Fogg.

⚜ *mots-clés et expressions utiles* ⸻

☐ offrir son bras　腕を差し出す
☐ appareiller　出航する
☐ se découvrir　帽子を取る
☐ bateau-pilote　水先案内船
☐ goélette　スクーナー船

Le pilote, songeur, tournait son chapeau entre ses mains.

« Eh bien, pilote ? dit Mr. Fogg.

— Eh bien, Votre Honneur, répondit le pilote, je ne puis risquer ni mes hommes, ni moi, ni vous-même. D'ailleurs, nous n'arriverions pas à temps à Yokohama. Mais il y aurait peut-être un moyen de s'arranger autrement. »

Derrière eux, Fix ne respira plus.

« Et comment ? demanda Phileas Fogg.

— Aller à Shangaï. Le paquebot de San-Francisco ne part pas de Yokohama. Il fait escale à Yokohama et à Nagasaki. Son port de départ est Shangaï.

— Vous êtes certain de ce vous dites ?

— Certain.

— Et quand le paquebot quitte-t-il Shangaï ?

— Le 11, à sept heures du soir. Nous avons donc quatre jours devant nous. C'est quatre-vingt-seize heures, avec une moyenne de huit milles à l'heure, si nous sommes bien servis, si le vent tient au sud-est, si la mer est calme, nous pouvons enlever les huit cents milles qui nous séparent de Shangaï.

— Et vous pourriez partir ? . . .

— Dans une heure. Le temps d'acheter des **vivres** et d'appareiller.

— Affaire convenue . . . Vous êtes le patron du bateau ?

— Oui, John Bunsby, patron de la *Tankadère*.

— Voici deux cents livres d'**acompte** . . . Monsieur, ajouta Phileas Fogg en se retournant vers Fix, si vous voulez profiter . . .

— Monsieur, répondit résolument Fix, j'allais vous demander cette faveur.

— Bien. Dans une demi-heure nous serons à bord.

— Mais ce pauvre garçon . . . dit Mrs. Aouda, que la disparition de Passepartout préoccupait extrêmement.

❧ *mots-clés et expressions utiles* ————————

☐ vivres 食糧
☐ acompte 手付金

— Peut-être que nous le retrouverons à Yokohama. Mais pour le cas où, je vais faire pour lui tout ce que je puis faire » répondit Phileas Fogg.

Et c'était ce qu'il fit : il alla à la police de Hong-Kong et au consulat français, donna le signalement de Passepartout et laissa une somme suffisante pour le **rapatrier**.

*   *   *

Trois heures sonnaient. La *Tankadère*, son **équipage** à bord, ses vivres embarqués, était prêt à appareiller. Phileas Fogg et Mrs. Aouda passèrent à bord. Fix s'y trouvait déjà.

À trois heures dix minutes, les **voiles** furent **hissées**. La *Tankadère* s'élança en bondissant sur les flots.

*   *   *

Le lendemain, 8 novembre, au lever du soleil, la goélette avait fait plus de cent milles. On filait rapidement. Phileas Fogg pouvait espérer qu'en arrivant à Shangaï, il n'aurait aucun retard à **inscrire** à son programme.

Mais pendant la nuit, vers les premières heures du matin, la *Tankadère* entrait dans le détroit de Fo-Kien, qui sépare la grande île Formose de la côte chinoise. La mer était très dure dans ce détroit, pleine de remous formés par les **contre-courants**. La goélette fatigua beaucoup.

Avec le lever du jour, le vent fraîchit encore. Il y avait dans le ciel l'apparence d'un coup de vent et le **baromètre** annonçait un changement prochain de l'atmosphère. Et dans l'après-midi, la *Tankadère* fût saisi par le typhon, qui ne le lâcha pas durant la nuit non plus : ce fut un miracle si la petite goélette ne chavira pas.

❧ *mots-clés et expressions utiles* —————

☐ rapatrier 帰国させる
☐ équipage 乗組員たち
☐ voiles 帆
☐ hissées（帆が）あげられた
☐ inscrire à ～に記入する
☐ contre-courants 逆流
☐ baromètre 気圧計

Le jour suivant, le **temps** se calma petit à petit et, au lever du jour du 11 novembre, John Bunsby put affirmer qu'on n'était pas à cent milles de Shangaï. C'était le soir même que Mr. Fogg devait arriver à Shangaï, s'il ne voulait pas manquer le départ du paquebot de Yokohama.

On voulait arriver **à tout prix**. Mais à sept heures, on était encore à trois milles de Shangaï. À ce moment, un long fuseau noir, couronné d'un panache de fumée, apparut au ras de l'eau. C'était le paquebot américain le *General-Grant*, qui sortait à l'heure réglementaire.

« Malédiction ! s'écria John Bunsby, qui repoussa la barre d'un bras désespéré.

— Des **signaux** ! » dit simplement Phileas Fogg.

Un petit **canon** de bronze s'allongeait à l'avant de la *Tankadère*. Il servait à faire des signaux par les temps de **brume**.

Le canon fut chargé tout de suite.

« **Pavillon en berne** », dit Mr. Fogg.

Le pavillon fut amené à mi-mât. C'était un signal de détresse.

« Feu ! » dit Mr. Fogg.

La détonation du petit canon de bronze éclata dans l'air.

Presque immédiatement, le *General-Grant* changea de **cap** et s'approcha de la *Tankadère*.

Et quelques temps après, le paquebot repartait avec trois passagers en plus.

XIII. *Comment Passepartout, Phileas Fogg et Aouda se retrouvèrent à Yokohama*

Le *Carnatic* ayant quitté Hong-Kong, le 6 novembre, à huit heures du soir, se dirigeait à toute vapeur vers les terres du Japon.

❧ *mots-clés et expressions utiles* ———————

☐ temps　天候
☐ à tout prix　何が何でも
☐ signaux（signal）　号砲
☐ canon　大砲
☐ brume　霧
☐ pavillon en berne　半旗
☐ cap　進路

* * *

Sur le **pont**, un jeune homme était assis, prenant sa tête entre les mains. Ce passager, c'était Passepartout en personne. Voici ce qui était arrivé.

Passepartout, assommé mais pris par la pensée du devoir non accompli, se réveilla trois heures après. **Trébuchant**, s'appuyant aux murailles, tombant et se relevant, mais toujours et irrésistiblement poussé par une sorte d'instinct, il sortit de la tabagie, criant comme dans un rêve : « Le *Carnatic* ! le *Carnatic* ! »

Le paquebot était là fumant, prêt à partir. Passepartout n'avait que quelques pas à faire. Il s'élança sur le pont volant, il franchit la coupée et tomba inanimé à l'avant, sur le pont, au moment où le Carnatic **larguait ses amarres**. Il **perdit connaissance**. Des matelots, étonnés mais serviables, le transportèrent dans une cabine.

Quand il se réveilla le lendemain matin, il ne comprit pas où il était. Il sortit sur le pont pour se rafraîchir, et avec l'air marin, tout lui revint en mémoire : l'aveu de Fix, la tabagie ... et ...

« **Horreur** ! Mon maître n'est pas prévenu ! »
s'écria-t-il.

C'était donc sa faute si Mr. Fogg et Mrs. Aouda
avaient manqué le bateau !

Sa faute, oui, mais plus encore celle du traître
Fix qui, pour le séparer de son maître, pour
retenir celui-ci à Hong-Kong, l'avait enivré !
Passepartout, à cette pensée, s'arracha les
cheveux. Ah ! si jamais Fix lui tombait sous la
main, quel **règlement de comptes** !

Enfin, après le premier moment d'accablement,
Passepartout reprit son sang-froid et étudia
la situation. Il avait les poches vides. Pas un
shilling, pas un penny ! Toutefois, son passage
et sa nourriture à bord étaient payés d'avance.
Il avait donc cinq ou six jours devant lui pour
prendre un parti.

❦ *mots-clés et expressions utiles* ─────────

☐ pont　甲板
☐ trébuchant　よろめきながら
☐ larguer ses amarres　もやい綱を緩める
☐ perdre connaissance　気を失う
☐ Horreur !　なんということだ！
☐ réglement de comptes　（力による）決着

Le 13 novembre, à la marée du matin, le *Carnatic* entrait dans le port de Yokohama.

Passepartout mit le pied, sans aucun enthousiasme, sur cette terre si curieuse des Fils du Soleil. Il n'avait rien de mieux à faire que de prendre le hasard pour guide, et d'**aller à l'aventure** par les rues de la ville, sans un sou. Le plus simple pour Passepartout était de se recommander près des agents consulaires français ou anglais établis à Yokohama ; mais il lui répugnait de raconter son histoire, si intimement mêlée à celle de son maître. Ventre vide, il passa la nuit comme il put.

*   *   *

Le lendemain matin, Passepartout, épuisé et affamé, se dit qu'il fallait manger à tout prix, et que le plus tôt serait le mieux. Il avait bien cette ressource de vendre sa montre, mais il fût plutôt mort de faim. Soudain, il lui vint une idée. Passepartout partit à la découverte d'un **brocanteur** japonais, auquel il exposa sa demande. L'habit européen plut au brocanteur, et bientôt Passepartout sortait affublé d'un

« kimono ». Mais, en retour, quelques piécettes d'argent résonnaient dans sa poche.

« Bon, je me figurerai que nous sommes en carnaval ! » se consola Passepartout « japonaisé ».

Il s'empressa d'entrer dans une « tea-house » et là, d'un reste de volaille et de quelques poignées de riz, il déjeuna en homme pour qui le dîner serait encore un problème à résoudre.

« Maintenant, se dit-il quand il fut copieusement restauré, il s'agit de ne pas perdre la tête. Il faut donc aviser au moyen de quitter le plus vite possible ce pays. Si je pouvais trouver un paquebot **en partance pour** l'Amérique et si on m'engageait **en contrepartie du** passage et de la nourriture, ça m'arrangerait bien… ». Et une fois à San-Francisco, il verrait à se tirer d'affaire.

⚓ mots-clés et expressions utiles ─────────

☐ aller à l'aventure 行き当たりばったりに行く
☐ brocanteur 古物商
☐ en partance pour まもなく〜に出航する
☐ en contrepartie de 〜の引き換えに

L'important, c'était de traverser ces quatre mille sept cents milles du Pacifique.

Passepartout se dirigea vers le port de Yokohama. Et en chemin, ses regards tombèrent sur une immense **affiche** qu'une sorte de **clown** portait. Cette affiche était ainsi libellée en anglais :

TROUPE JAPONAISE **ACROBATIQUE**

DE

L'HONORABLE WILLIAM BATULCAR

DERNIÈRES REPRÉSENTATIONS

Avant leur départ pour les États-Unis d'Amérique

DES

LONGS-**NEZ**-LONGS-NEZ

Sous l'invocation directe du dieu **Tingou**

GRANDE ATTRACTION !

« Les États-Unis d'Amérique ! s'écria Passepartout, voilà justement mon affaire !... »

Il suivit l'homme-affiche jusqu'à l'établissement de l'honorable Batulcar.

Passepartout demanda à le voir.

« Que voulez-vous ? dit-il à Passepartout, qu'il

prit d'abord pour un Japonais.

— N'auriez-vous pas un travail pour moi ? demanda Passepartout.

— Tiens, vous êtes un Français, non ?

— Oui, un Parisien de Paris.

— Vous êtes vigoureux ?

— Surtout quand je sors de table.

— Vous tombez bien. J'ai besoin d'un costaud pour la représentation principale. »

L'engagement fut conclu *hic et nunc*.

La représentation, annoncée à grand fracas par l'honorable Batulcar, devait commencer à trois heures. Ce que devait faire Passepartout, c'était d'être l'un des « Longs-Nez », étonnants **équilibristes** que l'Europe ne connaît pas encore.

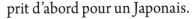 **mots-clés et expressions utiles** ——————

☐ affiche 広告
☐ clown ピエロ
☐ acrobatique 曲芸
☐ nez 鼻
☐ Tingou 天狗
☐ hic et nunc 即座に
☐ équilibriste 軽業師

Ces Longs-Nez forment une corporation particulière placée sous l'invocation directe du dieu Tingou. Vêtus comme des hérauts du Moyen Age, ils portaient une splendide paire d'ailes à leurs épaules et un long nez dont leur face était agrémentée. Ces nez n'étaient rien moins que des bambous, dont la longueur variait de cinq à dix pieds.

Or, c'était sur ces **appendices**, fixés d'une façon solide, que s'opéraient tous leurs exercices d'équilibre. Et le clou de la représentation, c'était la « pyramide humaine », dans laquelle une cinquantaine de Longs-Nez devaient figurer : au lieu de former cette pyramide en prenant leurs épaules pour point d'appui, les artistes de l'honorable Batulcar ne devaient **s'emmancher** que par leur nez.

Or, l'un de ceux qui formaient la base de la pyramide étant tombé malade, Passepartout avait été choisi pour le remplacer.

Le moment venu, Passepartout entra en scène, et vint se ranger avec ceux de ses collègues qui devaient figurer la base de la pyramide humaine. Tous s'étendirent à terre, le nez dressé vers le ciel.

Une seconde section d'équilibristes vint se poser sur ces longs appendices puis une troisième . . . et sur ces nez qui ne se touchaient que par leur pointe, un monument humain s'éleva bientôt jusqu'aux frises du théâtre.

Or, les **applaudissements** redoublaient, et les instruments de l'orchestre éclataient comme autant de tonnerres, quand la pyramide s'ébranla et le monument s'écroula comme un château de cartes. C'était la faute à Passepartout qui, abandonnant son poste, grimpa à l'étage, franchissant la **rampe**, tombait aux pieds d'un spectateur accompagné d'une belle dame en s'écriant :

« Ah ! mon maître ! mon maître ! »

C'était Mr. Fogg et Mrs. Aouda.

♦ *mots-clés et expressions utiles* ————————

☐ appendices　長い鼻・突起物
☐ s'emmancher　つなぎ合わせる
☐ applaudissements　拍手
☐ rampe　手すり

« Vous ?

— Moi !

— Eh bien ! en ce cas, au paquebot, mon garçon !... »

Passepartout ne demandait pas mieux. Tous trois se précipitèrent dehors, et à six heures et demie, ils étaient sur le *General-Grant*, de nouveau ensemble.

Une fois installée sur le bateau, Mrs. Aouda expliqua à Passepartout comment Mr. Fogg et elle étaient arrivés à Yokohama, et comment ils l'avaient trouvé.

Arrivé le matin même, 14 novembre, à l'heure réglementaire, Phileas Fogg, laissant Fix aller à ses affaires, s'était rendu à bord du Carnatic, et là il apprenait, à la grande joie de Mrs. Aouda, — et peut-être à la sienne, mais du moins il n'en laissa rien paraître — que le Français Passepartout était effectivement arrivé la veille à Yokohama.

Phileas Fogg, qui devait repartir le soir même pour San-Francisco, se mit immédiatement à la recherche de son domestique. Il s'adressa, mais en vain, aux agents consulaires français et anglais. Il désespérait de retrouver Passepartout, quand le hasard ou un pressentiment, le fit entrer dans la case de l'honorable Batulcar. Ce qui permit à son serviteur, dans sa position renversée, d'apercevoir son maître à la galerie.

* * *

Au nom de Fix, Passepartout ne **sourcilla** pas. Il pensait que le moment n'était pas venu de dire à son maître ce qui s'était passé entre l'inspecteur de police et lui. Aussi, dans l'histoire que Passepartout fit de ses aventures, il s'accusa et s'excusa seulement d'avoir été surpris par l'ivresse.

* * *

❧ *mots-clés et expressions utiles* ————

□ sourciller　眉をひそめる

D'ailleurs, où était Fix en ce moment ?

Fix était précisément à bord du *General-Grant*. En arrivant à Yokohama, l'agent s'était immédiatement rendu chez le consul anglais. Là, il avait enfin trouvé le mandat. Qu'on juge le désappointement du détective ! Fogg ayant quitté les possessions anglaises, le mandat devenait inutile !

« Soit ! se dit Fix, après le premier moment de colère, mon mandat n'est plus bon ici, il le sera en Angleterre. Je le suivrai jusque-là. » Son parti pris, il revint aussitôt sur le *General-Grant*.

Il était à bord, quand Mr. Fogg et Mrs. Aouda y arrivèrent, avec, ô surprise ! Passepartout !

Il se cacha aussitôt dans sa cabine pour l'éviter. Mais un matin, il se trouva **face à face**, sur l'avant du navire.

À sa vue, sans mot dire, Passepartout lui sauta à la gorge et lui donna une **volée** superbe. Fix se releva, en assez mauvais état, et, regardant son adversaire, il lui dit froidement :

« Est-ce fini ?

— Oui, pour l'instant.

— Alors venez me parler.

— Que je …

— Dans l'intérêt de votre maître. »

Passepartout, comme subjugué par ce sang-froid, suivit l'inspecteur de police, et tous deux s'assirent à l'avant du steamer.

« Vous m'avez **rossé**, dit Fix. Bien. À présent, écoutez-moi. Jusqu'ici j'ai été l'adversaire de Mr. Fogg, mais maintenant je suis dans son jeu. Tant que Mr. Fogg a été sur les possessions anglaises, j'ai eu **intérêt** à le retenir en attendant un mandat d'arrestation. J'ai tout fait pour cela. Mais maintenant, reprit Fix, Mr. Fogg semble retourner en Angleterre ? **Soit**, je le suivrai. Mais, désormais, je mettrai à écarter les obstacles de sa route autant de soin et de zèle que j'en ai mis jusqu'ici à les accumuler. Vous le voyez, mon jeu est changé, et il est changé parce que mon intérêt le veut. J'ajoute que votre intérêt est pareil au mien. »

❧ *mots-clés et expressions utiles* ⸻

☐ face à face　真正面に
☐ volée　殴打
☐ rosser　ひどく殴る
☐ intérêt　利益
☐ Soit　まあいいでしょう（譲歩）

Passepartout avait très attentivement écouté Fix, et il fut convaincu que Fix parlait avec une entière bonne foi.

« Sommes-nous amis ? demanda Fix.

— Amis, non, répondit Passepartout. **Alliés**, oui, et sous bénéfice d'inventaire, car, à la moindre apparence de trahison, je vous tords le cou.

— Convenu », dit tranquillement l'inspecteur de police.

*   *   *

Pendant cette **traversée** du Pacifique, il ne se produisit aucun incident nautique. Neuf jours après avoir quitté Yokohama, le 23 novembre, le *General-Grant* passait au cent quatre-vingtième **méridien**, aux **antipodes** de Londres. Et c'était aussi le cinquante-deuxième jours depuis le départ de Londres : pour Mr. Fogg, sur les quatre-vingts jours mis à sa disposition, il ne lui en restait plus que vingt-huit à dépenser.

Ce jour-là, à midi, Passepartout éprouva une grande joie. Sa fameuse montre de famille, bien qu'il ne l'eût jamais touchée, se trouva d'accord avec les chronomètres du bord.

« J'étais bien sûr qu'un jour ou l'autre, le soleil se déciderait à se régler sur ma montre !... » triompha-t-il.

Onze jours après, le 3 décembre, le *General-Grant* entrait dans la baie de la Porte-d'Or et arrivait à San-Francisco. Mr. Fogg n'avait encore ni gagné ni perdu un seul jour.

❧ *mots-clés et expressions utiles* ─────────

☐ alliés 同盟者
☐ traversée 横断
☐ méridien 経度
☐ antipodes 対蹠地

Chapitre 4
Traversées du continent américain et de l'Atlantique

第4章　アメリカ大陸と大西洋横断

XIV. Traversée du continent américain

Il était sept heures du matin, le 3 décembre, quand Phileas Fogg, Mrs. Aouda et Passepartout arrivèrent sur le continent américain. Aussitôt Mr. Fogg s'informa de l'heure à laquelle partait le premier train pour New-York : c'était là qu'ils devaient prendre, le 11 décembre, le paquebot pour Liverpool.

« Prenez le train de six heures pour Omaha. De là, vous trouverez plusieurs trains pour New-York », apprit le guichetier.

Le train quitta San Francisco à l'heure.

De San Francisco à New York, on ne met que sept jours en train. Toutefois, il fallait franchir une vaste étendue de territoires encore fréquentée par les Indiens et les fauves, sans parler, dans la partie nord, du risque de neige pouvant retarder le voyage.

* * *

Le train était doté de divers conforts et allait à une vitesse formidable. Malgré quelques incidents qui interrompirent le voyage et inquiétèrent à chaque fois Passepartout et Mrs. Aouda, tout semblait aller au mieux, quand, au cinquième jour, la **paisibilité** fut rompue par une attaque des **Sioux**.

Habitués à arrêter les convois, ils s'élançaient par centaine pour escalader les wagons en se jetant de leur cheval au galop. Ils étaient munis de fusils et de **casses-têtes**. Ils attaquèrent d'abord la **locomotive** et assommèrent le mécanicien et le chauffeur pour arrêter le train. Mais, ne sachant comment manipuler, ils firent un geste inverse et le train redoubla de sa vitesse.

*　*　*

❧ *mots-clés et expressions utiles* ────────

☐ paisibilité　平安
☐ Sioux　インディアンのスー一族
☐ casses-têtes　棍棒
☐ locomotive　機関車

Les voyageurs se défendaient avec courage et **ripostaient** par des coups de revolver. Les détonations retentirent de toutes parts.

Le conducteur se battait aux côtés de Mr. Fogg, quand une balle le renversa. En tombant, cet homme s'écria : « Nous sommes perdus, si le train ne s'arrête pas avant cinq minutes ! »

En effet, la station du **fort** Kearney n'était pas à deux milles de distance. Là se trouvait un poste américain, mais ce poste passé, entre le fort Kearney et la station suivante les Sioux seraient les maîtres du train.

« Il s'arrêtera ! dit Phileas Fogg, qui voulut s'élancer hors du wagon.

— Restez, monsieur, lui cria Passepartout. Cela me **regarde** ! »

Passepartout ouvrit une portière sans être vu des Indiens et se glissa sous le wagon avec une surprenante agilité. Rampant d'une voiture à l'autre, il gagna ainsi l'avant du train. Là, suspendu d'une main au wagon des bagages, de l'autre il décrocha les **chaînes de sûreté** et la **barre d'attelage**. Le train, détaché, resta peu à peu en arrière, tandis que la locomotive s'en allait avec une nouvelle vitesse.

Emporté par la force acquise, le train roula encore pendant quelques minutes, mais s'arrêta à moins de cent pas de la station de Kearney. Avant l'arrêt complet du train, les Sioux avaient décampé car les soldats du fort, attirés par les **coups de feu**, accoururent en hâte.

Les blessés étaient assez nombreux, mais on reconnut qu'aucun n'était atteint mortellement.

Mais trois voyageurs manquaient, et l'un d'eux était le courageux Passepartout. Avaient-ils été tués dans la lutte ? Étaient-ils prisonniers des Sioux ? On ne pouvait encore le savoir.

Mr. Fogg, les bras croisés, restait immobile. Mrs. Aouda, les yeux pleins de larmes, le regardait en silence.

❧ mots-clés et expressions utiles ──────

☐ riposter　反撃する
☐ fort　砦(とりで)
☐ regarder qn　〜にかかわる/ 〜の領分である
☐ chaînes de sûreté　安全用の鎖
☐ barre d'attelage　連結棒
☐ coup de feu　銃声

« Je le retrouverai. C'est mon **devoir** ! » dit-il sans hésitation, tout en sachant ce que ce contretemps signifiait. Il venait de prononcer sa **ruine**.

Mr. Fogg se rendit auprès du capitaine commandant du fort Kearney et il demanda de poursuivre les Sioux. Le capitaine choisit trente soldats volontaires et un vieux sergent se mit à leur tête.

« Merci, capitaine ! dit Mr. Fogg. Et ajouta, aux soldats — Mes amis, il y a mille livres pour vous si nous sauvons les prisonniers ! ».

Après avoir remis à Mrs. Aouda son précieux sac de voyage et laissant son soin à Fix, il partit avec le sergent et sa petite troupe sous la neige qui tombait à gros flocons.

Il était alors midi et quelques minutes.

Mrs. Aouda s'était retirée dans une chambre de la gare, et là, seule, elle attendait, songeant à Phileas Fogg, à cette **générosité** simple et grande, à ce tranquille courage. Il avait sacrifié sa fortune, et maintenant il jouait sa vie, tout cela sans hésitation. Phileas Fogg était un héros à ses yeux.

Le soir se fit, la nuit vint. Le temps était fort mauvais, le froid très vif. Le petit détachement n'était pas de retour. Le cœur de Mrs. Aouda se remplissait d'angoisse.

*   *   *

Lorsqu'il fut sept heures du matin, on entendit des coups de feu. Tout le monde se précipita en dehors et vit le détachement rentrer. Mr. Fogg marchait en tête, et près de lui Passepartout et les deux autres voyageurs, arrachés aux mains des Sioux.

Tous, les sauveurs et les sauvés, furent accueillis par des cris de joie, et Phileas Fogg distribua aux soldats la prime qu'il leur avait promise, tandis que Passepartout se répétait, non sans quelque raison : « Décidément, il faut avouer que je coûte cher à mon maître ! »

❧ *mots-clés et expressions utiles* ─────────

☐ devoir 義務
☐ ruine 破産
☐ générosité 寛大さ

Une fois la joie des **retrouvailles** passée, il fallait penser au voyage. Phileas Fogg se trouvait en retard de vingt heures. Passepartout, la cause involontaire de ce retard, était désespéré. Il avait décidément ruiné son maître !

En ce moment, l'inspecteur s'approcha de Mr. Fogg, et, le regardant bien en face :

« Monsieur, vous avez bien intérêt à être à New-York le 11, avant neuf heures du soir, heure du départ du paquebot de Liverpool ?

— Un intérêt majeur.

— Et si votre voyage n'eût pas été interrompu par cette attaque d'Indiens, vous seriez arrivé à New-York le 11, dès le matin ?

— Oui, avec douze heures d'avance sur le paquebot.

— Bien. Vous avez donc vingt heures de retard. Entre vingt et douze, l'écart est de huit. C'est huit heures à regagner. Voulez-vous tenter de le faire ?

— À pied ? demanda Mr. Fogg.

— Non, en **traîneau**, répondit Fix, en traîneau à voiles. Un homme m'a proposé ce moyen de transport hier. »

Un instant après, Phileas Fogg était devant

un assez singulier véhicule, un mélange de traîneau et de yacht. Cinq ou six personnes pouvaient prendre place. Pendant l'hiver, sur la plaine glacée, lorsque les trains sont arrêtés par les neiges, ces véhicules font des traversées extrêmement rapides d'une station à l'autre.

Un **marché** fut rapidement conclu entre Mudge, le patron du traîneau, et Mr. Fogg.

« Le vent est bon ! Si rien ne casse, nous arriverons en quelques heures à la station d'Omaha » assura-t-il.

De la station d'Omaha, les trains sont fréquents. Il n'était pas impossible que le retard fût regagné. Il n'y avait donc pas à hésiter à tenter l'aventure.

❧ *mots-clés et expressions utiles* ————————

☐ retrouvailles　再会
☐ traîneau　橇
☐ marché　商談

À huit heures, le traîneau était prêt à partir. Les voyageurs y prenaient place et se serraient étroitement dans leurs couvertures de voyage. Les deux immenses voiles étaient hissées, et, sous l'impulsion du vent, le véhicule filait sur la neige durcie avec une rapidité de quarante milles à l'heure.

Quelle traversée ! Le traîneau glissait aussi légèrement à la surface de la plaine qu'une embarcation à la surface des eaux. Le froid, accru par la vitesse, empêchait les voyageurs de parler. Dans ce silence, Passepartout réfléchissait aux gestes de son maître : il n'oublierait jamais le sacrifice que Mr. Fogg avait fait, sans hésiter, pour l'arracher aux mains des Sioux. À cela, Mr. Fogg avait risqué sa fortune et sa vie . . . Non ! son serviteur ne l'oublierait pas !

Il n'était pas encore une heure de l'après-midi que Mudge arrêta son traineau en montrant un amas de toits blancs de neige. « Nous sommes arrivés. »

Arrivés ! Arrivés, en effet, à cette station qui, par des trains nombreux, est quotidiennement en communication avec l'est des États-Unis !

Passepartout et Fix avaient sauté à terre et **secouaient** leurs membres engourdis. Ils aidèrent Mr. Fogg et la jeune femme à descendre du traîneau. Phileas Fogg régla généreusement Mudge, auquel Passepartout serra la main comme à un ami, et tous se précipitèrent vers la gare d'Omaha.

Un train direct était prêt à partir. Phileas Fogg et ses compagnons n'eurent que le temps de se hisser dans un wagon.

Avec une extrême rapidité, ce train arriva à Chicago le lendemain, à quatre heures du soir. Neuf cents milles séparent Chicago de New-York, et les trains n'y manquaient pas.

Mr. Fogg passa immédiatement de l'un dans l'autre.

*　*　*

❧ *mots-clés et expressions utiles* ────────

□ secouer　揺さぶる

Enfin l'Hudson apparut le lendemain soir. À sa vue, Mr. Fogg nota sur son carnet d'itinéraire : « Arrivé le 11 décembre, onze heures un quart du soir, à la gare de New-York ». Tous s'empressèrent au « **Pier** » mais hélas, le *China*, à destination de Liverpool, était parti depuis quarante-cinq minutes !

XV. *La traversée de l'Atlantique*

En partant, le *China* semblait avoir emporté avec lui le dernier espoir de Phileas Fogg. L'impassible gentleman s'en rendit parfaitement compte en consultant son *Bradshaw*. En effet, aucun paquebot ne pouvait servir à ses projets.

Passepartout était **anéanti**. Avoir manqué le paquebot de quarante-cinq minutes, cela le tuait. C'était sa faute à lui, qui, au lieu d'aider son maître, n'avait cessé de semer des obstacles sur sa route !

Mr. Fogg ne lui fit aucun **reproche**. Il ne dit que ces mots : « Nous **aviserons** demain. Venez. »

Mr. Fogg, Mrs. Aouda, Passepartout et Fix montèrent dans un **fiacre**, qui les conduisit à l'hôtel Saint-Nicolas, dans Broadway.

*　　*　　*

Le lendemain, la première chose que fit Phileas Fogg était de consulter son carnet : il lui restait neuf jours treize heures et quarante-cinq minutes.

Mr. Fogg quitta l'hôtel, seul, après avoir recommandé à son domestique de l'attendre et de prévenir Mrs. Aouda de se tenir prête à tout instant.

❧ mots-clés et expressions utiles ───────

☐ Pier　埠頭（英語）
☐ Bradshaw　p.21参照
☐ anéanti　茫然自失した
☐ reproche　非難・叱責
☐ aviser　熟考する
☐ fiacre　辻馬車

Mr. Fogg se rendit aux rives de l'Hudson, et parmi les navires amarrés au quai ou ancrés dans le fleuve, il rechercha avec soin ceux qui étaient en partance. Il remarqua tout de suite un steamer dont la cheminée laissait échapper de gros flocons de fumée.

Phileas Fogg réfléchit, **héla** un canot, s'y embarqua, et, en quelques coups d'**aviron**, il se trouvait à l'échelle de l'*Henrietta*, steamer à coque de fer, dont tous les hauts étaient en bois.

Phileas Fogg monta sur le pont.

« Le capitaine ? demanda Mr. Fogg.

— C'est moi.

— Je suis Phileas Fogg, de Londres.

— Et moi, Andrew Speedy, de Cardif.

— Vous allez partir … ?

— Dans une heure.

— Vous êtes chargé pour … ?

— Bordeaux.

— Et votre cargaison ?

— Pas de **fret**. Je **pars sur lest**.

— Vous avez des passagers ?

— Pas de passagers. Jamais de passagers.

— Votre navire marche bien ?

— Entre onze et douze nœuds.

— Voulez-vous me transporter à Liverpool, moi et trois personnes ?

— Non. Je suis en partance pour Bordeaux, et je vais à Bordeaux.

— N'importe quel prix ?

— N'importe quel prix. »

Le capitaine avait parlé d'un ton qui n'admettait pas de réplique.

« Je vous l'**affrète**.

— Non.

— Je vous l'achète.

— Non. »

Jusqu'ici l'argent du gentleman avait toujours eu raison des obstacles. Cette fois-ci, l'argent **échouait**. Cependant, il fallait trouver le moyen de traverser l'Atlantique en bateau.

🔹 *mots-clés et expressions utiles* ——————

□ **héler** 遠くから呼び止める
□ **aviron** オール・櫂
□ **fret** 積荷
□ **partir sur lest** 積荷なしで出航する
□ **affréter** チャーターする
□ **échouer** 失敗する

« Eh bien, voulez-vous me mener à Bordeaux ?

— Non, quand même vous me paieriez deux cents dollars !

— Je vous en offre deux mille.

— Par personne ?

— Par personne.

— Et vous êtes quatre ?

— Quatre. »

Le capitaine Speedy commença à se gratter le front.

« Je pars à neuf heures, dit simplement le capitaine Speedy.

— À neuf heures, nous serons à bord ! » répondit non moins simplement Mr. Fogg.

Et ce fût. Au moment où l'*Henrietta* appareillait, tous les quatre y étaient.

* * *

Le lendemain, à midi, un homme monta sur la **passerelle** pour faire le point. Certes, on doit croire que cet homme était le capitaine Speedy. Pas le moins du monde. C'était Phileas Fogg, suivi bien sûr de son fidèle Passepartout.

Quant au capitaine Speedy, il était **tout**

bonnement enfermé à clef dans sa cabine, et poussait des hurlements qui dénotaient une colère, à juste raison.

Ce qui s'était passé était très simple. Phileas Fogg, en trente heures, avait manœuvré à coups de bank-notes l'équipage — qui était en assez **mauvais termes** avec le capitaine —. Maintenant, il était maître à bord. Voilà pourquoi Phileas Fogg commandait au lieu et place du capitaine Speedy et pourquoi enfin l'*Henrietta* se dirigeait vers Liverpool. Seulement, il était très clair, à voir manœuvrer Mr. Fogg, que Mr. Fogg avait été marin.

☙ *mots-clés et expressions utiles* ─────────

☐ passerelle　ブリッジ・船橋（せんきょう）
☐ tout bonnement　ただ単に
☐ enfermé　閉じ込められた
☐ mauvais termes　折り合いが悪い

Pendant les premiers jours, la navigation se fit dans d'excellentes conditions. La mer n'était pas trop dure ; le vent paraissait fixé au nord-est ; les voiles furent établies, et l'*Henrietta* marcha comme un vrai transatlantique.

Au soixante-quinzième jour écoulé depuis le départ de Londres, l'*Henrietta* n'avait pas encore un retard inquiétant. La moitié de la traversée était à peu près faite, et les plus mauvais parages avaient été franchis.

Mais ce jour-là, le mécanicien vint s'entretenir avec Mr. Fogg. Le charbon allait manquer !

« Vous êtes certain de ce que vous **avancez** ?

— Certain, monsieur, répondit le mécanicien. N'oubliez pas que, depuis notre départ, nous chauffons avec tous nos **fourneaux** allumés, et si nous avions assez de **charbon** pour aller à petite vapeur de New-York à Bordeaux, nous n'en avons pas assez pour aller à toute vapeur de New-York à Liverpool !

— J'aviserai, » répondit Mr. Fogg.

« Ah ! si mon maître pare celle-là, décidément, ce sera un fameux homme ! » se dit Passepartout.

« Poussez les feux et faites route jusqu'à

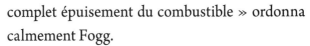

complet épuisement du combustible » ordonna calmement Fogg.

Quelques instants après, la cheminée de l'*Henrietta* vomissait des torrents de fumée.

Le navire continua donc de marcher à toute vapeur ; mais ainsi qu'il l'avait annoncé, deux jours plus tard, le mécanicien fit savoir que le charbon manquerait dans la journée.

« Que l'on ne laisse pas baisser les feux, répondit Mr. Fogg. Au contraire. Que l'on charge les **soupapes**. »

Vers midi, après avoir pris hauteur et calculé la position du navire, Phileas Fogg fit venir le capitaine Speedy.

« Où sommes-nous ? **grinça**-t-il **entre ses dents**.

❧ mots-clés et expressions utiles ─────────

- ☐ avancer 進言する
- ☐ fourneaux ボイラー
- ☐ charbon 石炭
- ☐ soupape バルブ
- ☐ grincer entre ses dents 歯ぎしりする

— À sept cent soixante-dix milles de Liverpool, répondit l'imperturbable Mr. Fogg.

— Pirate ! s'écria Andrew Speedy.

— Je vous ai fait venir, monsieur, pour vous prier de me vendre votre navire. C'est que je vais être obligé de le **brûler**, du moins dans ses hauts, car nous manquons de **combustible**.

— Brûler mon navire ! s'écria le capitaine Speedy, qui ne pouvait même plus prononcer les syllabes. Un navire qui vaut cinquante mille dollars !

— En voici soixante mille ! » répondit Phileas Fogg, en offrant au capitaine une liasse de bank-notes.

Cela fit un effet prodigieux sur Speedy.

« Et la coque en fer me restera, dit-il d'un ton singulièrement radouci.

— La coque en fer et la machine, monsieur. Est-ce **conclu** ?

— Conclu. » Et Speedy, saisissant la liasse de bank-notes, les compta et les fit disparaître dans sa poche.

Phileas Fogg lui dit :

« Maintenant ce navire m'appartient ?

— Certes, de la quille à la pomme des mâts, pour tout ce qui est « **bois** », seulement !

— Bien. Faites démolir les aménagements intérieurs et chauffez avec ces **débris**. »

Le **carburant** ainsi acquis, au soir du soixante-dix-neuvième jour écoulé depuis le départ de Londres, on avait eu connaissance de la côte d'Irlande et du feu de Fastenet. Phileas Fogg n'avait plus que vingt-quatre heures pour atteindre Londres.

« Monsieur, lui dit quelques heures plus tard le capitaine Speedy, je vous plains vraiment. Tout est contre vous ! Nous ne sommes encore que devant Queenstown.

— Ah ! fit Mr. Fogg, c'est Queenstown, cette ville dont nous apercevons les feux ?

— Oui.

❧ mots-clés et expressions utiles ───────

- ☐ brûler 燃やす
- ☐ combustible 燃料
- ☐ conclu 商談成立した
- ☐ bois 木材
- ☐ débris 破片
- ☐ carburant 燃料

— Pouvons-nous entrer dans le port ?

— Pas avant trois heures. À **pleine mer** seulement.

— Attendons ! » répondit tranquillement Phileas Fogg, sans laisser voir sur son visage que, par une suprême inspiration, il allait tenter de vaincre encore une fois la chance contraire !

Mr. Fogg savait que Queenstown était un port de la côte d'Irlande ayant des **express** toujours prêts à partir en direction de Dublin. De Dublin il y avait des steamers de grande vitesse, devançant ainsi de douze heures les marcheurs les plus rapides des compagnies maritimes. Alors au lieu d'arriver sur l'*Henrietta*, le lendemain soir, à Liverpool, il y serait à midi, et, par conséquent, il aurait le temps d'être à Londres avant huit heures quarante-cinq minutes du soir.

* * *

Vers une heure du matin, l'*Henrietta* entrait à **haute mer** dans le port de Queenstown.

Les passagers débarquèrent aussitôt. Ils montèrent dans le train de Queenstown à une heure et demie du matin, arrivait à Dublin au jour naissant, et s'embarquait aussitôt sur un des steamers.

À midi moins vingt, Phileas Fogg débarquait enfin sur le quai de Liverpool. Fidèle à son habitude, il nota sur son carnet : « Arrivé le 21 décembre, onze heures quarante du matin, à Liverpool ». Il n'était plus qu'à six heures de Londres.

*　*　*

Mais à ce moment, Fix s'approcha, lui mit la main sur l'épaule, et, **exhibant** son mandat :

« Vous êtes bien le sieur Phileas Fogg ? dit-il.

— Oui, monsieur.

— **Au nom de la reine**, je vous arrête ! »

❧ *mots-clés et expressions utiles* ─────────

☐ pleine mer　満潮
☐ express　特急列車
☐ haute mer　満潮
☐ exhibant　提示しながら
☐ Au nom de la reine　女王陛下の名のもとに

Chapitre 5
Retour à Londres

第 5 章　ロンドンへの帰還

XVI. *Espoir et désespoir à Liverpool*

Phileas Fogg était enfermé dans une **pièce** de la douane en attendant d'être transféré à Londres. Cette arrestation le perdait **sans retour**. Si près du but, il était bien et dûment ruiné. Arrivé à midi moins vingt à Liverpool, il avait jusqu'à huit heures quarante-cinq minutes pour se présenter au Reform-Club, soit neuf heures cinq minutes, — et il ne lui en fallait que six pour atteindre Londres.

* * *

Il attendit.

* * *

Une heure sonna à l'horloge de Custom-house. Mr. Fogg constata que sa montre avançait de deux minutes sur cette horloge.

* * *

Deux heures ! En admettant qu'il montât en ce moment dans un express, il pouvait encore arriver à Londres et au Reform-Club avant huit heures quarante-cinq du soir. Son front se plissa légèrement...

À deux heures trente-trois minutes, un bruit retentit au-dehors, un **vacarme** de portes qui s'ouvraient. On entendait la voix de Passepartout, on entendait la voix de Fix.

* * *

Le regard de Phileas Fogg brilla un instant.

La porte du poste s'ouvrit, et il vit Mrs. Aouda, Passepartout, Fix, qui se précipitèrent vers lui.

Fix était **hors d'haleine**, les cheveux en désordre... Il ne pouvait parler !

❧ *mots-clés et expressions utiles* —————

☐ pièce　部屋
☐ sans retour　永久に
☐ vacarme　騒音
☐ hors d'haleine　息を切らして

« Monsieur, balbutia-t-il, monsieur...
pardon... une ressemblance déplorable... Voleur
arrêté depuis trois jours... vous... libre !... »

Phileas Fogg était libre ! Il se dirigea vers le
détective. Il le regarda bien en face, et, faisant
le seul mouvement rapide qu'il eût jamais fait
et qu'il dût jamais faire de sa vie, il ramena ses
deux bras en arrière, puis, avec la précision
d'un automate, il frappa de ses deux poings le
malheureux inspecteur.

Fix, renversé, ne prononça pas un mot. Il n'avait
que ce qu'il méritait. Mais aussitôt Mr. Fogg,
Mrs. Aouda, Passepartout quittèrent la douane.
Ils se jetèrent dans une voiture, et, en quelques
minutes, ils arrivèrent à la gare de Liverpool.

*   *   *

Phileas Fogg demanda s'il y avait un express
prêt à partir pour Londres...

Il était deux heures quarante... L'express était
parti depuis trente-cinq minutes.

Phileas Fogg commanda alors un train spécial.

Il y avait plusieurs locomotives de grande
vitesse en pression ; mais, attendu les exigences

du service, le train spécial ne put quitter la gare avant trois heures.

*　*　*

À trois heures, Phileas Fogg, après avoir dit quelques mots au mécanicien d'une certaine prime à gagner, filait dans la direction de Londres, en compagnie de la jeune femme et de son fidèle serviteur.

Il fallait franchir en cinq heures et demie la distance qui sépare Liverpool de Londres, — chose très faisable, quand la voie est libre sur tout le parcours. Mais il y eut des retards forcés, et, quand le gentleman arriva à la gare, neuf heures moins dix sonnaient à toutes les horloges de Londres. Ce que ressentait Phileas Fogg, on ne saurait dire... après avoir accompli ce voyage autour du monde, arriver avec un retard de cinq minutes seulement !...

*　*　*

Il avait perdu.

XVII. *Phileas Fogg ruiné*

Après avoir quitté la gare, Phileas Fogg avait donné à Passepartout l'ordre d'acheter quelques **provisions**, et il était rentré dans sa maison.

Ce gentleman avait reçu avec son impassibilité habituelle le coup qui le frappait. Ruiné ! et par la faute de ce maladroit inspecteur de police !

De la somme considérable qu'il avait emportée au départ, il ne lui restait qu'un reliquat insignifiant. Sa fortune ne se composait plus que des vingt mille livres déposées chez Baring frères, et ces vingt mille livres, il les devait à ses collègues du Reform-Club.

*   *   *

La nuit se passa. Mr. Fogg s'était couché, mais avait-il dormi ? Une chambre de la maison de Saville-row avait été réservée à Mrs. Aouda mais elle ne put prendre un seul instant de repos. Passepartout, lui, avait veillé comme un chien à la porte de son maître.

Le lendemain, Mr. Fogg le fit venir et lui recommanda de s'occuper du déjeuner de Mrs. Aouda. Pour lui, il se contenterait d'une tasse de thé et d'une **rôtie**.

« Mon maître ! Monsieur Fogg ! s'écria-t-il, **maudissez**-moi. C'est par ma faute que...

— Je n'accuse personne, répondit Phileas Fogg du ton le plus calme. Allez. »

*　*　*

Vers sept heures et demie du soir, Mr. Fogg fit demander à Mrs. Aouda si elle pouvait le recevoir. Quelques instants après, la jeune femme et lui étaient seuls dans cette chambre.

❧ *mots-clés et expressions utiles* ————————

☐ provisions 食糧
☐ rôtie トースト
☐ maudire 呪う・罵る

Phileas Fogg prit une chaise et s'assit près de la cheminée, en face de Mrs. Aouda. Son visage ne reflétait aucune émotion. Le Fogg du retour était exactement le Fogg du départ. Même calme, même impassibilité.

« Madame, dit-il, me **pardonnerez**-vous de vous avoir amenée en Angleterre ?

— Moi, monsieur Fogg !... répondit Mrs. Aouda, en comprimant les battements de son cœur.

— Lorsque j'ai eu la pensée de vous éloigner de ce pays devenu si dangereux pour vous, j'étais riche, et je comptais mettre une partie de ma fortune à votre disposition. Mais les événements ont tourné contre moi. Cependant, du peu qui me reste, je vous demande la permission de disposer en votre faveur.

— Mais, vous, monsieur Fogg, que deviendrez-vous ? demanda Mrs. Aouda.

— Moi, madame, répondit froidement le gentleman, je n'ai besoin de rien.

— En tout cas, reprit Mrs. Aouda, la misère ne saurait atteindre un homme tel que vous. Vos amis, parents...

—Je n'ai point d'amis, ni de parents.

—Je vous plains alors, car **l'isolement** est une triste chose. On dit cependant qu'à deux la misère elle-même est supportable encore !

—On le dit, madame.

—Monsieur Fogg, dit alors Mrs. Aouda, qui se leva et tendit sa main au gentleman, voulez-vous à la fois d'une parente et d'une amie ? Voulez-vous de moi pour votre femme ? »

Mr. Fogg, à cette parole, s'était levé à son tour. Il y avait comme un reflet inaccoutumé dans ses yeux, comme un tremblement sur ses lèvres. Il ferma les yeux un instant, et quand il les rouvrit :

« Je vous aime ! dit-il simplement. Oui, en vérité, par tout ce qu'il y a de plus sacré au monde, je vous aime, et je suis tout à vous !

✦ mots-clés et expressions utiles ─────────

☐ pardonner　許す
☐ isolement　孤独

—Ah !... » s'écria Mrs. Aouda, en portant la main à son cœur.

*   *   *

Passepartout fut sonné. Il arriva aussitôt. Mr. Fogg tenait encore dans sa main la main de Mrs. Aouda. Passepartout comprit, et son visage **rayonna**.

« Il n'est pas trop tard pour aller prévenir le **révérend** Wilson ? »

Passepartout sourit de son meilleur sourire.

« Jamais trop tard, et il n'est que huit heures cinq, Monsieur. Ce serait pour demain, lundi ! dit-il.

— Pour demain lundi ? demanda Mr. Fogg en regardant la jeune femme.

— Pour demain lundi ! » répondit Mrs. Aouda.

Passepartout sortit tout courant, enchanté. Il se rendit d'un pas rapide à la demeure du révérend Wilson, qui n'était pas encore rentré. Passepartout attendit vingt bonnes minutes au moins.

* * *

Bref, il était huit heures trente-cinq quand il sortit de la maison du révérend comme un **éclair**. Mais dans quel état ! Les cheveux en désordre, sans chapeau, courant, courant, comme on n'a jamais vu courir de mémoire d'homme, renversant les passants, se précipitant **comme une trombe** sur les trottoirs !

* * *

En trois minutes, il était de retour à la maison de Saville-row, et il tombait, essoufflé, dans la chambre de Mr. Fogg.

❧ mots-clés et expressions utiles ——————

☐ rayonner 輝く
☐ révérend 牧師
☐ éclair 稲妻
☐ comme une trombe ものすごい勢いで

« Qu'y a-t-il ? demanda Mr. Fogg.

— Mon maître … **balbutia** Passepartout … mariage … impossible.

— Impossible ?

— Impossible … pour demain.

— Pourquoi ?

— Parce que demain … c'est dimanche !

— Lundi, répondit Mr. Fogg.

— Non … dimanche … aujourd'hui … samedi.

— Samedi ? impossible !

— Si, si, si, si ! s'écria Passepartout. Vous **vous êtes trompé** d'un jour ! Nous sommes arrivés vingt-quatre heures en avance … mais il ne reste plus que sept minutes ! … »

Passepartout avait saisi son maître au collet, et il l'entraînait avec une force irrésistible !

Phileas Fogg, ainsi enlevé, sans avoir le temps de réfléchir, quitta sa chambre, quitta sa maison, sauta dans un cab, promit cent livres au cocher, et après avoir écrasé deux chiens et accroché cinq voitures, il arriva au Reform-Club.

*   *   *

L'horloge du club indiquait huit heures quarante-quatre et cinquantième seconde... cinquante-cinquième seconde, cinquante-sixième seconde... Et à huit heures quarante-quatre et cinquante-septième seconde, Phileas Fogg ouvrit la porte du salon et annonça de sa voix calme à ses cinq collègues : « Me voici, messieurs. »

Phileas Fogg avait accompli ce tour du monde en quatre-vingts jours !...

Phileas Fogg avait **gagné** son pari de vingt mille livres !

* * *

♧ *mots-clés et expressions utiles* ————

☐ balbutier　どもりどもり言う
☐ se tromper　間違える
☐ gagné　得た

Et maintenant, comment un homme si exact, si **méticuleux**, avait-il pu commettre cette erreur de jour ? Comment se croyait-il au samedi soir, 21 décembre, quand il débarqua à Londres, alors qu'il n'était qu'au vendredi, 20 décembre, soixante-dix-neuf jours seulement après son départ ?

Voici la raison de cette erreur. Elle est fort simple.

Phileas Fogg avait, « sans s'en douter, » gagné un jour sur son itinéraire, — et cela uniquement parce qu'il avait fait le tour du monde en allant vers l'*est*, et il eût, au contraire, **perdu** ce jour en allant en sens inverse, soit vers l'*ouest*.

En effet, en marchant vers l'est, Phileas Fogg allait au-devant du soleil, et, par conséquent les jours **diminuaient** pour lui d'autant de fois quatre minutes qu'il franchissait de **degrés** dans cette direction. Or, on compte trois cent soixante degrés sur la circonférence terrestre, et ces trois cent soixante degrés, multipliés par quatre minutes donnent mille quatre cent quarante minutes, ce qui fait précisément vingt-quatre heures, — c'est-à-dire ce jour inconsciemment gagné. En d'autres termes, pendant que Phileas Fogg, marchant vers l'est, voyait le soleil passer *quatre-vingts fois* au méridien, ses collègues restés à Londres ne le voyaient passer que soixante-dix-neuf fois. C'est pourquoi, ce jour-là même, qui était le samedi et non le dimanche, comme le croyait Mr. Fogg, ceux-ci l'attendaient dans le salon du Reform-Club.

* * *

Phileas Fogg avait donc gagné les vingt mille livres. Mais comme il en avait dépensé en route environ dix-neuf mille, le gain n'était que de mille livres — qu'il donna d'ailleurs à partager entre Passepartout et l'inspecteur Fix.

❧ mots-clés et expressions utiles ─────────

☐ méticuleux　綿密な
☐ perdu　失った
☐ est　東
☐ ouest　西
☐ diminuer　減少する
☐ degrés　経度

*   *   *

Ce soir-là même, Mr. Fogg, aussi impassible, aussi **flegmatique**, disait à Mrs. Aouda :

« Ce mariage vous convient-il toujours, madame ?

— Monsieur Fogg, répondit Mrs. Aouda, c'est à moi de vous faire cette question. Vous étiez ruiné, vous voici riche...

— Pardonnez-moi, madame, cette fortune vous appartient. Si vous n'aviez pas eu la pensée de ce mariage, mon domestique ne serait pas allé chez le révérend Wilson, je n'aurais pas été averti de mon erreur, et...

— Cher monsieur Fogg... dit la jeune femme.

— Chère Aouda... » répondit Phileas Fogg.

XVIII. L'ardoise de ce tour du monde

On comprend bien que le mariage se fit quarante-huit heures plus tard, et Passepartout, superbe, resplendissant, éblouissant, y figura comme témoin de la jeune femme. Ne l'avait-il pas sauvée, et ne lui devait-on pas cet honneur ?

* * *

Seulement, le lendemain, dès l'aube, Passepartout frappait **avec fracas** à la porte de son maître.

❧ mots-clés et expressions utiles ──────

☐ flegmatique　冷静な
☐ avec fracas　騒々しく

La porte s'ouvrit, et l'impassible gentleman parut.

« Qu'y a-t-il, Passepartout ?

— Ce qu'il y a, monsieur ! Il y a que je viens d'apprendre à l'instant…

— Quoi donc ?

— Que nous pouvions faire le tour du monde en soixante-dix-huit jours seulement.

— Sans doute, répondit Mr. Fogg, en ne traversant pas l'Inde. Mais si je n'avais pas traversé l'Inde, je n'aurais pas sauvé Mrs. Aouda, elle ne serait pas ma femme, et… »

Et Mr. Fogg ferma tranquillement la porte.

Ainsi donc Phileas Fogg avait gagné son pari. Il avait accompli en quatre-vingts jours ce voyage autour du monde ! Il avait employé pour ce faire tous les moyens de transport, paquebots, railways, voitures, yachts, **bâtiments de commerce**, traîneaux, éléphant. L'excentrique gentleman avait déployé dans cette affaire ses merveilleuses qualités de sang-froid et d'exactitude. Mais après ? Qu'avait-il gagné à ce déplacement ? Qu'avait-il rapporté de ce voyage ?

Rien, dira-t-on ? Rien, soit, si ce n'est une

charmante femme, qui — quelque invraisemblable que cela puisse paraître — le rendit le plus heureux des hommes !

En vérité, ne ferait-on pas, pour moins que cela, le Tour du Monde ?

FIN

❧ *mots-clés et expressions utiles* ─────────

□ bâtiment de commerce　貨物船

Textes
en
français
facile

やさしいフランス語で読む
八十日間世界一周

2017年2月9日　第1刷発行

原著者
ジュール・ヴェルヌ

発行者
浦　晋亮

発行所
IBCパブリッシング株式会社
〒162-0804 東京都新宿区中里町29番3号 菱秀神楽坂ビル9F
Tel. 03-3513-4511　Fax. 03-3513-4512
www.ibcpub.co.jp

印刷所
株式会社シナノパブリッシングプレス

ISBN978-4-7946-0456-9